公司内外部治理研究

GONGSI NEIWAIBU ZHILI YANJIU

孙一力 著

中国农业出版社

北 京

图书在版编目（CIP）数据

公司内外部治理研究 / 孙一力著 . —北京：中国
农业出版社，2022.1
ISBN 978-7-109-28716-7

Ⅰ.①公…　Ⅱ.①孙…　Ⅲ.①上市公司－研究－中国
－2013－2017　Ⅳ.①F279.246

中国版本图书馆 CIP 数据核字（2021）第 167079 号

中国农业出版社出版

地址：北京市朝阳区麦子店街 18 号楼
邮编：100125
责任编辑：姚　红　　文字编辑：王佳欣
版式设计：王　晨　　责任校对：周丽芳
印刷：北京大汉方圆数字文化传媒有限公司
版次：2022 年 1 月第 1 版
印次：2022 年 1 月北京第 1 次印刷
发行：新华书店北京发行所
开本：700mm×1000mm　1/16
印张：11.25
字数：200 千字
定价：68.00 元

课题号：新时代全面治理视域下事业单位内部审计创新发展的理论与实践研究（SKPC202002）

前　言

　　20世纪90年代，很多学者开始对美国以外其他国家和地区的公司治理状况进行深入研究，通过研究得出结论，基于股权分散的Berle和Means范式一般只适用于英美等国规模比较大的公司，在全球公司股权结构中，股权集中或家族控制才是主导形态（LLSV，1999；Claessens et al.，2000；Faccio and Lang，2002）。由于公司股权结构相对来说比较分散，代理问题具体表现为公司内部管理层和外部股东之间产生的利益冲突（Jensen and Meckling，1976）；相反，由于股权结构过于集中，委托代理问题则具体体现在小股东和大股东之间的利益冲突（Shleifer and Vishny，1997）。从控制手段看，大股东一般通过金字塔式持股结构以较小的代价获得公司控制权，从而具有很强的动机"掏空"上市公司，攫取控制权以及私人收益。投资者保护程度、大股东掏空行为和各国的法律保护环境以及产权制度等因素之间存在十分密切的联系，基于法律的角度保护投资者利益，能够使得拥有控制权的私人收益有所减少，进而减少对小股东以及大股东的利益损害（LLSV，1997，1998，2000；Dyck and Zingale，2004）。

　　研究显示，法律对于保护中小股东和投资者的利益产生了很大的积极作用。对于投资者利益法律保护比较薄弱的国家和地区来说，大股东直接控制形式对于保护股东的利益将产生很大的积极影响。我国上市公司的所有权结构是一种制度设计的结果，而不是对国内法律环境的均衡反应。行政审批和额度控制下的首次发行上市制度导致我国上市公司大股东控制问题越来越突出。此外，剥离非核心资产的改制方式导致大股东需要承担公司上市的改制成本，不管对公司的发展，还是对公司的生存而言，大股东都想拥有大量的上市公司资源；大股东和上市公司之间的联系越来越频繁，进而使得大股东占用上市公司资源的能力得到显著提升。现在我国对投资者利益的法律保护相对比较落后，对于上市公司的大、小股东之间的利益冲突来说，大股东占用上市公司资金成为主要的导火索。

从国内外的证券市场实践情况能够观察到，很多公司的大股东不但在监督管理方面没有起到太大的作用，而且他们还经常侵占债权人和中小股东的利益，导致公司的治理状况变得越来越糟。就像 La Porta 等学者所说，在国际上有很多大企业面临的主要代理问题就是大股东侵占中小股东的利益。Johnson、Vishny、Shleifer 等研究指出，现代公司最主要的代理问题就是大股东侵占中小股东的利益，使用"隧道挖掘效应"（tunneling）对上述行为进行描述。

鉴于此，本书以 2013—2017 年沪深两市 A 股上市公司为研究样本，从上市公司内外部治理方面研究了在中国特色社会主义市场经济下的大股东掏空行为。本书涵盖三个实证研究论述，每个研究从不同的角度分析了大股东掏空行为的影响因素。第一实证研究从上市公司内部治理的角度研究了股权结构及董事会对大股东掏空行为的影响，后两个研究从内外部信息披露的角度研究了内部控制质量与外部审计对大股东掏空行为的影响。总之，这些研究将有助于相关研究者深入了解大股东掏空行为的产生、影响及有效解决途径。

首先，本书以公司内部治理机制为出发点深入研究董事制度和股权结构对大股东掏空行为产生的影响。不同于传统的公司治理理论研究的方向、重心，本书从股权结构这一角度着手探讨股权分置改革后大股东掏空行为，股权结构与大股东掏空行为之间存在何种关系。研究结果显示，实施股权分置改革策略之后，大股东掏空行为的隐私性更强，对于成本效益会进行重点考虑，进行有选择性的"掏空"。本书在研究董事会之后发现，中国上市公司的董事会成员已经超过了实际的岗位需求，工作效率不高，且独立董事只是停留在表面。本书对于改善公司治理理论具有很强的现实意义和理论意义。

其次，想要保证公司财务会计信息的可靠性，需要完善外部审计制度和内部控制制度。本书研究了内部控制对大股东掏空行为的影响。先后分析了两权分离与内部控制缺陷的相关关系，内部控制质量对大股东掏空行为的影响机理，并深入研究了中国特色的股权结构和产权性质对内部控制制度作用机理的影响。研究发现，有效的内部控制能够约束大股东掏空行为，而且产权性质在两者关系中起调节作用。因此，应进一步深化国有体制改革，加强企业内部控制制度的完善和有效施行，从而促进资本市场的健康稳步发展。

再次，本书从审计需求和供给的视角对大股东掏空行为进行深入而系统的研究，寻找可以实施的、有效的审计保护手段。在对审计需求和审计供给两方面的经验研究的基础上，本书强调了提升高质量审计需求的重要性以及健全审计法律制度安排的意义。研究证实了股权集中度与审计需求的倒 U 形关系，并发现外部审计的独立性能够制约大股东掏空行为。在我国，由于股权集中度较高，应加强对上市公司的监管力度，增强外部审计的治理效应。

作　者

2021 年 2 月

目　录

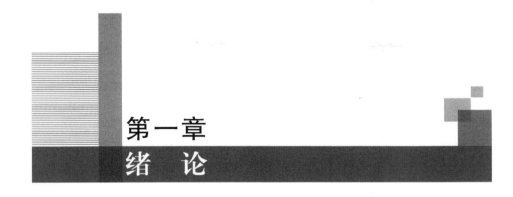

第一章
绪　论

1　研究的意义与背景

1.1　研究背景

　　20世纪30年代初，美国的米恩斯和伯利深入研究了美国的200多家非金融公司的股权结构后得出结论，20世纪末期，很多规模比较大的上市公司的股东的数量有了显著的提升，股票所有权呈现出高度分散的状态。其中，个人投资者在股东中的占比较高，但是每个股东的股份在公司总股份中的占比较低。由于股权比较分散，所以股东投票权所产生的作用是非常小的，企业经营者开始慢慢取代投资者，进而逐渐掌握企业的控制权。企业所有者让经营者负责自己在公司投入的财产，进而使得他们之间的委托和代理关系得以确立下来。其中，委托人就是拥有所有权的全体股东，代理人为拥有控制权的经营者。因为代理人和委托人追求的目标函数是不一样的，且存在合同不健全以及信息不对称的现象，而经营者因为掌握着企业的控制权，所以他们很有可能为了实现自身利益最大化而采取机会主义行为，这种行为和股东财富最大化是相悖的，对于所有者的利益会形成很大的威胁，这就是所谓的代理问题。

　　对于委托代理问题来说，分为两类：第一类，内部人控制问题，也就是管理层和股东之间的委托代理问题。第二类，大股东控制问题，也就是在所有权结构比较集中的公司中，中小投资者将对公司的监督交由大股东负责进而形成的委托代理问题。由于股权结构过于集中，公司的大股东根据自身持股比例不断增多，进而使得自己在公司经营决策中拥有的投票权不断增多，对于持股比例较高的大股东而言，他们还会让自己人担任公司的高管以及董事会成员，所以他们是有能力获取更多与公司经营有关的信息，对公司经营决策产生很大的影响。此外，由于大股东获得公司利益是比较多的，如果公司经营不善对于大股东的利益会产生很大的影响，所以大股东应该科学地监督公司经营者的行为。综上所述，大股东的出现对于经营者的道德风险应产生很大的抑制作用，使得经营者和所有者之间的代理成本有所下降。大股东的出现也会引发一定的代理问题，如大股东侵占中小股东利益。

很早的时候学者们就已经开始研究有关公司股权结构问题了，但是更多研究还是针对股权高度分散使得股东和债权人、股东以及外部股东和管理者之间的矛盾，研究此类代理问题更多的是基于股权分散的假定的角度进行研究（Berle and Means，1932）。但是，近年学者通过研究发现，除英国、美国等少数国家外，世界上许多国家的企业股权都过于集中。la porta（1999）的研究发现，27 个高收入国家的大多数企业都有终极控股股东。根据Faccio 和 Lang（2002）的研究，在 13 个欧洲国家中，除了爱尔兰和英国以外，很多国家都处于股权集中状态，在 5 232 家上市企业中，家族控股的企业达到 4 429 家。在瑞典和意大利，很多上市公司都被终极控股股东所控制（Zingales，1994；Nilsson，Cronqvist，2003）。在新兴市场，所有权集中度甚至高于成熟市场，Claessens 等（2000）的研究显示，除日本以外的东亚国家，由家族控股的上市公司的比重超过 40%。Lins（2003）的研究发现，在 22 个新兴市场中，不低于一个终极控股股东的公司占比 52%。综上所述，现代企业内部的股权集中现象是比较明显的，相对应的，股权结构的变化对于企业各利益相关者的关系会产生很大的影响。

很早以前，大股东的存在就是解决代理问题的一种重要方式。由于大股东希望对经营者的动机进行实时监督，因此，这种行为对股权资本分散造成的监管"搭便车"问题起到了一定的遏制作用。但随着支配权的相对集中，大股东发展成为公司的内部人，在中小投资者保护不足的环境下，支配权不断扩大，大股东对公司和中小股东利益的侵占行为就越来越明显。大股东的存在具有两面性的特征，一方面他们具有监督管理层的能力，能够有效地防止分散的中小股东监督管理层时存在的"搭便车"和集体行动的现象；另一方面，大股东可以有效地对管理层的行为进行监督。但是，大股东和中小股东的利益是不一致的，当大股东掌握的控制权比自身拥有的现金流权更大时，便会有掠夺中小股东和其他利益相关者的倾向，这样抑制效率，使得潜在投资者的投资动力下降，对资本市场的发展产生重大的影响。

"现金流权"和"控制权"之间的分离是造成占主导地位的股东代表权问题的一个基本条件。大股东通过金字塔结构、交叉持股结构和二元持股结构等方式，使其在分离后拥有的"控制权"大于其拥有的"现金流权"。通过这种方式，占主导地位的股东可能拥有更少的"现金流权"来行使对更多资本的控制行为，从而控制公司的一些重要决策。如果大股东拥有控制权，他们可以通过各种非法渠道和合法方式"转移"公司资产，以充实自己的口袋。研究公司治理问题的主要机制是大股东和小股东的代表权问题。Shleifer、Vishny、Johnson 等在他们的研究中指出，现代公司的主要代理问题是大股东篡夺小股东的利益。

我国市场属于一个新兴市场，因为起步时间比较晚，还没有发育成熟。与欧美成熟市场中的公司的管理相比，主要存在第一类代理问题。在新兴市场，股东与管理者之间的第一类代理问题并不是很严重，而是代理和股权结构高度集中，公司的现金流权和控制权严重偏离，使得大股东与中小股东的利益冲突比较明显，股权结构畸形，掠夺中小股东利益的行为以及大股东利用国有控股股东的绝对控制权与管理层勾结的现象较为突出，不但使得上市公司的价值过低，还严重挫伤中小投资者的投资信心，对于我国资本市场的发展带来严重的威胁。因此，这个问题已经引起了社会各界的广泛关注，不少学者参考国外的研究方法来确定我国上市公司的代理问题，并开始进行研究。左晶晶（2010）、唐跃军等（2012）通过研究指出，我国公司治理的关键问题之一为第二类代理问题。相应地，如何解决或降低第二类代理问题带来的风险成为当前的研究热点。怎样对大股东对中小股东的侵害产生抑制作用，这是研究我国公司治理中的根本问题。

1.2　问题提出及研究意义

据调查，大股东为了自身利益，试图利用控制权"掏空"上市公司，例如采用现金分红（刘峰 et al.，2004）、关联交易（Jian and Wong，2010）、非经营性占用资金（Jiang et al.，2010）等方式侵害中小股东利益。然而，尽管这些方式正逐渐被投资者和相关监管机构认识（Jiang et al.，2014），但大股东与中小股东利益冲突的问题依然存在。在 Vishny 和 Shleifer（1997）发表了一篇著名的评论后，学术界开始对相关问题进行详细调查。尤其是对大股东和中小股东代理问题的研究越来越多，对公司治理问题的研究也越来越多，并成为一个持续研究且重要的话题。

　　大股东根据自身在公司股东大会中的投票权（voting rights）优势对股东大会实施控制，导致大股东对公司的最高权力机关形成制约作用，进而在董事会中占据首要地位。这样，公司的经营决策大多要服从于大股东的意愿。因为相关法律不健全，大股东根据自身拥有的投票权优势开始不断侵占公司的利益，开始影响利润分配、经营以及筹资等，进而给中小股东及公司其他参与主体的利益造成很大的损害。重视保护中小股东权益，对于大股东滥用公司股东权益将产生很大的制约作用。

　　随着证券市场重要性的不断提高，证券市场的正常运行方式和证券市场资源配置的效率大大提高，带动了整个新兴的资本市场的发展，并变得越来越成熟。但需注意的是应当保护证券市场投资者的利益，促进证券市场的正常运行。保护投资者特别是中小股东的利益，成为各个国家或地区证券市场发展的重大课题。现有的研究已经证明，投资者保护程度是影响甚至决定一个国家或地区证券市场发展水平的关键因素（Rafael La Porta，1997；Lopez-de-Silanes，1998；Andrei Shleifer and Robert Vishny，2002）。[①]现阶段，我国正处于转轨时期，对于促进证券市场实现快速发展具有很大的实践意义和理论价值，从某种程度上来说，投资者保护的有效性对于我国证券市场的发展前景将产生决定性的作用。

　　在我国证券市场中，中小企业群体具有人数多、涉及面广、组织结构相对多元化的特点。中小股东通常只能接触上市公司的公开信息，持有的股份数量较少，因此参与公司治理的成本较高，中小股东在证券市场中处于相对弱势的地位。此外，我国证券市场起步较晚，相关制度不健全，上市公司大股东利用控制权侵害广大中小股东权益的现象越来越普遍。因此，如何遏制大股东的掏空行为，保护中小股东，是一个具有挑战性的重要课题。

　　近年，一些学者关注到管理者在大股东利益侵占行为中产生一定的作用，于是以大股东与管理者合谋为出发点对大股东的利益侵占行为进行深入研究。Burkart 等（2003）通过研究提出，大股东对公司中小股东的利益侵占行为和公司管理层合谋之间存在因果关系。由于大股东一般很少参与公司的日常经营管理活动，基本上不会过问有关公司的各项事宜，所以他们不是很清楚公司的具体运作程序，想要转移公司的利益，只有在管理者的协助下

---

　　① LLSV 理论：20 世纪 90 年代中后期，La Porta、Robert W. Vishny、Lopez-de-silanes、Andrei Shleifer 四位学者，通过整理多国的政治、法律、宗教、文化和经济等方方面面的量化数据，第一次明确将法律因素引入解释金融发展和经济增长的具体研究中。

才能实现。肖艳（2005）通过研究指出，大股东谋求私人收益和经理谋求私人收益之间存在很大的关联性。

然而，少有学者从内控和外审的角度研究对上市公司大股东掏空行为和侵占行为的影响。尤其在 2011 年 1 月 1 日起在我国境内外同时上市的公司施行《企业内部控制基本规范》之后，规定上市公司和非上市大中型企业需要对内部控制的有效性展开自我评价，披露年度自我评价报告，此外还需要邀请会计师事务所审计财务报告内部控制的有效性且需要拿出审计报告。这使得内部控制在公司治理方面的作用更加突出。内部控制有效性和披露能否抑制大股东掏空行为，外部审计能否有效监督大股东并保护中小股东利益，成为近年大股东代理问题研究的突破点。

2　研究的主要内容与框架

2.1　研究重点及重要性

从 Modigliani 和 Miller（1958）的投资现金流理论、Jensen 和 Meckling（1976）的合同理论到 Grossman、Hart（1986）和 Hart、Moore（1990）的剩余财产管理理论，理论上公司制度的效率和公平性得到保证，因为公司治理非常重视投资者权益的有效保护。现代企业投资者权益保护通过政策机制和制度机制两种方式实现：其一制度机制是从国家法律、文化和经济体系保护投资者的权益，其二政策机制是根据公司权利义务的定义保护投资者的权益以及公司章程。Claessens 和 Fan（2002）通过一项调查表明，一个国家或地区对投资者权利的保护越强，公司的价值就越高。从长远发展来看，一个国家或地区的制度环境不断向经济效率方向变化，经济一体化（economic entranchment）对其有一定影响。如果国家或地区的制度安排对于产权所有者实现其收益不能起到保护的作用，产权所有者会采用私人契约的方式进行"自保"。制度和政策两种保护机制是对大股东作为代理人的行为进行合理监督的一种方式，大股东侵权的主要原因是对大股东监督不力，所以大股东的监督主体包括政府机构、外部审计师、公司内部中小股东，公司内部中小股东进行有效监督的是公司健全的治理机制和股权结构，适度的股权结构和良好的法律环境对有效的政府监督起着决定性的作用。对于高质量的外部第三方，特别是在外部法律环境不完善或执行存在问题的情况下，外部审计可以替代法律机制发挥特定的作用（Fan and Wong，2005）。

在研究抑制大股东掏空行为时，本书具体从两个维度出发，即公司的外部监督和公司内部治理。本书将最近几年的代表性研究总结归纳如表1-1，并研究了内部控制对大股东掏空行为的影响，突出外部监督的抑制效用。想要保证公司财务会计信息的可靠性，首先需要完善外部审计制度和内部控制制度。本书先后分析了两权分离与内部控制缺陷的相关关系，内部控制质量对大股东掏空行为的影响机理，并深入研究了中国特色的股权结构和产权性质对内部控制制度作用机理的影响。研究发现，有效的内部控制能够约束大股东的掏空行为，而且产权性质在两者关系中起调节作用。

表1-1 大股东掏空行为抑制效用的研究成果（两个维度）

研究维度	研究时间（年）	代表学者	研究结论
内部治理	2016	冯慧群	"私募"股权投资的介入对于大股东掏空行为具备抑制作用。
	2017	焦健等	借鉴高管团队异质性思路验证了董事会异质性对大股东掏空行为的监督效应。
	2018	毛建辉	指出独立董事声誉对于掏空行为能够产生抑制的作用，相比较独立董事声誉的抑制作用，实务独立董事声誉所产生的抑制性的作用更明显一些；股权制衡度亦能够显著抑制上市公司与控股集团之间的侵占性关联交易；此外，高管的经理人异质性、社会域嵌入的内部控制制度也可以有效地抑制大股东掏空行为。
外部监督	2012	王宇生、余玉苗等	指出健全的法律制度对于解决实际控制人与中小股东之间的代理问题产生很大的积极作用，法律治理能够进一步取代外部审计抑制大股东掏空行为。
	2015	王国俊等	研究发现股利强制披露制度可以提高上市公司分红水平、约束现金流使用，从而在一定程度上抑制大股东的掏空行为。
	2016	李明、叶勇等	研究证实媒体负面报道作为一种重要的外部监督方式也可以有效约束大股东的自利行为。
	2018	洪昀等	研究证实了融资融券机制的"掏空"治理效应。

作为企业的内部治理机制，内部控制对于企业的信息披露政策产生决定性的作用。内部控制可以确保会计信息具备可靠性和真实性，企业健全内部控制制度，且将其贯彻执行下去，能够促使资本市场实现健康稳定的发展。内部控制在提高企业绩效以及会计信息质量时，还可以为企业的外部利益相关者提供更多有价值的信息。随着我国《企业内部控制配套指引》

和《企业内部控制基本规范》不断贯彻落实，学者们越来越重视内部控制的研究。其中有研究发现，内部控制能够提高会计盈余质量、降低审计成本、降低企业债务资本和权益资本、降低企业风险、提高投资效率。这些研究为人们评估企业内部控制的实施效果提供了重要的经验证据。依据财政部、证监会等部委的联合发文，从2012年开始，我国上市公司迫切需要建立健全内部控制体系，促使内部控制制度变得更加完善，分批分类实施强制性内部控制审计。我国上市公司是不是能够遵循内部控制基本规范，以及上市公司实施内部控制的经济后果如何都需要做出进一步的考察。

理论上，内部控制的质量对大股东掏空行为具有重要影响。在内部控制缺失或无效的情况下，公司的透明度和信息披露将显著降低，从而导致大股东与小股东之间的信息泄露。大股东与中小股东的信息不对称性使得公司对大股东行为的限制和监督将被削弱，大股东将有更多机会抓住现有制度的漏洞，实施掏空行为。由于我国资本市场缺乏保护中小股东的法律制度和限制大股东行为的市场机制，股权集中导致的代理问题尤为严重，公司和中小股东的利益受到严重损害，这严重影响资本市场的健康事态发展，已经严重阻碍了资本市场的发展。就内部控制信息披露来说，近年国外学者纷纷开始研究内部控制信息披露的现状及对其产生的影响因素等问题。在对《萨班斯—奥克斯利法案》404条款及发布后公司的特点进行分析的时候，得出那些有实质性内部控制缺陷的公司，其业绩和平均规模与其所在行业应有的水平不相符。财务情况不好、业务比较复杂、起步时间比较晚的公司存在很多不足之处（Doyle，Ge and Mcvay，2006）。我国的研究大多还是集中在内部控制信息披露的探索性时期。

审计作为外部治理机制，不但对投资者进行投资决策所需的会计信息质量警示效果起到监督的作用，同时可以为投资者提供企业好坏的相关信息，能够为投资者承担一定的投资风险。进而使得各利益相关主体间的代理冲突有所减少，进而减少交易成本。很多国家和地区在颁布法律法规时，如《证券法》《公司法》等，都明确地规定了由注册会计师负责审计财务报表。其中还特别规定，注册会计师具备保护股东利益的权利。中国证监会发布通知要求，注册会计师在进行信息披露和审计信息时要专项说明其他关联方和大股东占用上市公司资金的情况，具体指的是大股东转移或者侵占上市公司资产的行为，促使上市公司能够将上市公司为大股东提供巨额担保以及大股东长期大量占用资金等对公司实现长期稳定经营产生威胁的行为最大化的披露，从而使得公众对此能够重视起来。在对中小投资者的法律保护较好的国家和地区，审计能够成为法律的执行机制，进而使得企业中的代理冲突问题能够得到妥善解决，使得对中小投资者的保护效果更加明显；对于法律保护比较弱的国家和地区，高质量审计能够作为法律的替代机制发挥出最大的作用，能够有效地缓解企业内部的代理冲突，使得中小投资者的利益得到保护。根据相关研究显示，从某种程度上来说，外部审计对于公司治理机制存在的不足之处能够起到弥补的作用，属于公司治理的一种替代机制。可见，高质量审计不管是在法律保护强的国家还是在法律保护弱的国家，对于中小投资者都能够起到保护的作用，而且这种作用是具体的、直接的。

目前，中小股东权益保护问题不但是各国证券监管的首要任务、证券立法的宗旨，而且在理论经济学方面也是研究的重点课题，如金融行为学、信息经济学以及制度经济学等。中外学者对各国投资者保护水平差异、大股东和内部人"掠夺"中小股东的方式以及公司中小股东受到侵害和"掠夺"的原因等问题做出解释，基于经济学角度和法学角度对其进行详细讨论。也有一些学者注意到应发挥企业内部控制和外部审计保护中小股东权益的重要制度安排。

鉴于此，本书以 2013—2017 年沪深两市 A 股上市公司为研究样本，深入考察公司治理、内部控制、外部审计与大股东掏空行为的关系，以及其对中小股东权益保护的影响及作用机制，并为相关监管机构制定政策及完善内部控制制度与审计制度提供相应的建议。本书融入了内部控制信息披露和内部控制质量，基于公司内部治理机制的角度对董事制度、股权结构等对大股东掏空行为产生的影响进行深入研究。不同于传统的公司治理理论研究的方向、重心，本书首先从股权结构这一角度着手探讨股权分置改革后大股东掏空行为，即股改后，股权结构与大股东掏空行为之间存在何种关系，在保护中小股东权益的基础上还要对公司治理绩效做出改善。所以，本书对于完善公司治理理论具有一定的现实意义和理论意义。独立的外部审计制度和内部控制制度是保证财务会计信息可靠的两项重要的制度安排。本书研究了两权分离与内部控制缺陷的相关关系，内部控制质量对大股东掏空行为的影响机理，深入研究了中国特色的股权结构和产权性质对内部控制制度作用机理的影响。从审计供给和审计需求的角度出发，深入研究了大股东掏空行为和中小股东的权益保护问题，找出科学、合理的审计保护手段。在深入研究审计供给和审计需求后，对于高质量审计的需求的重要性和审计法律制度安排的意义做出重点强调。对丰富大股东掏空行为研究和中小股东保护的理论和实践具有重要的价值及意义，且对公司其他利益相关者的产权保护的研究将产生重要的借鉴作用。

2.2 主要研究框架

本书遵循"理论分析—指标体系设计—实证分析—政策建议"的逻辑主线，系统分析公司治理、内部控制、外部审计与大股东侵占行为之间的相关关系，从而揭示出抑制大股东侵占行为和保护中小股东权益的政策建议。本书研究的样本为 2013—2017 年沪深两市 A 股上市公司的数据，在对中国特色社会主义市场经济中的大股东掏空行为进行研究时主要从三个方面进行：第一篇从上市公司内部治理的角度研究了股权结构及董事会对大股东掏空行为的影响，后两篇从内外部信息披露的角度研究了内部控制与外部审计对大股东掏空行为的影响。总之，这些研究将有助于深入了解大股东掏空行为的产生、影响及有效解决途径。为此，本书各章节安排具体如图 1-1。

3 研究方法

本书用到的研究方法有文献分析法、历史分析法、实证分析与规范分析相结合等方法，全方位剖析上市公司内外部治理情况与大股东掏空行为之间的关系。

具体方法及研究目标如图 1-2。

4 研究的创新点

从莫迪利阿尼和米勒的资本结构理论（1958），詹森和梅克林的合同理论（1976），格罗斯曼和哈特（1986）、哈特和摩尔（1990）的产权理论和剩余控制权，理论发展已经越来越强调公司治理应有效地保护投资者的权益，建立确保公平和效率的体系。现代企业对投资者权益的保护主要依靠制度机制和政策机制两种途径。前者通过国家层面的经济、文化和法律制度来保护投资者的权利，后者则通过公司层面的章程、权利和义务的界定来保护投资者的权益。Fan 和 Claessens（2002）通过研究得出，对于投资者保护比较强的国家和地区，企业拥有的价值是比较高的。如果国家的制度安排无法确保财产所有者达到其预期收入时，所有者就会利用私人合同进行"自我保护"。所以，公司的内部治理机制和健全的股权结构对中小股东在公司内部

研究前提

第一章 绪论

通过介绍本书的选题背景，引申出抑制大股东侵占行为、保护中小股东利益具有重要的理论与实践意义，进而提出本书的主要研究思路、研究方法以及结构体系。

第二章 文献综述

首先介绍以往学者研究的成果。然后分别从控股股东与中小股东的代理冲突、影响大股东侵占行为的表征变量以及内部控制和外部审计对大股东掏空行为的抑制作用等对近年国内外学者的相关文献进行总结和梳理，进而对已有的研究成果进行评述，为随后开展的理论分析和实证分析提供基础。

理论研究

第三章 理论基础与制度环境

本部分尝试寻找大股东侵占行为的理论依据，并给出相关概念界定。在借鉴与扩展西方企业理论研究结论的基础上，依据我国国情和制度转型的历史背景，给出我国所有权结构特征及代理问题的制度环境，从而为接下来的实证分析和提出相应的政策建议奠定坚实的理论基础。

第四章 理论分析与研究假设

以现有研究成果和基础理论为依据，建立了大股东侵占行为的逻辑分析框架，在该框架下分析了公司治理结构的作用机制，内部控制与外部审计对大股东侵占行为的抑制作用，从经济后果和影响因素的角度提出了研究假设。

实证研究

第五、六、七章 基于中国上市公司数据的实证研究

在之前理论分析的基础上，以上海、深圳证券交易所上市公司数据为研究对象，通过多元线性回归分析公司治理、内部控制与外部审计与大股东侵占行为的相关关系，以期为政策建议的提出提供实证依据。

研究结论和政策建议

第八章 研究结论和政策建议

对全书的研究结论进行总结和归纳，提出研究中存在的不足和未来的研究方向，并为进一步抑制大股东侵占行为，解决第二类代理问题，发挥中小股东利益保护作用提出相关建议。

图 1-1 全书结构

文献分析法	历史分析法	实证分析和规范分析相结合
• 从亚当·斯密开始就关注公司制所带来的代理问题，继而到20世纪80年代LaPorta、Lopez-de-Silanes、Shleifer、Vishny（以下简称LLSV，1999）的研究开始对集中所有权以及控股股东的"隧道挖掘效应"进行关注，学术文献中已经涉及方方面面。 • 试图通过对前人文献的归类总结，进一步把握第二类代理问题。	• 将我国上市公司的治理现状、内部控制制度及控股股东的发展现状，放到宏观投融资体制环境中，以及资本市场发展的历史过程中进行分析，这样才能更好地遵循事物的发展和变化规律。 • 便于从根本上认识我国上市公司治理问题产生的根本原因，有效避免分析中存在的封闭思想。	• 规范分析方法是研究大股东侵占、外部审计以及公司治理的理论分析框架，在研究时充分运用管理学和经管学中的理论，如投资者保护理论、信息不对称理论以及应用代理理论。在这个前提下验证和分析公司治理、内部控制与外部审计与大股东侵占和中小股东权益保护的影响关系。 • 研究的对象为中国A股上市公司的面板数据，采用STATA分析软件，充分运用各种研究方法，如逻辑回归分析、多元线性回归分析以及数理统计中的相关性分析，对外部审计质量和内部控制质量对大股东侵占行为所产生的影响进行深入分析。

图 1-2 本书具体研究方法及研究目标

的有效监督将产生决定性的作用。高质量的内部控制拥有公司治理功能，法律环境对政府的有效监管产生决定性的作用。

就理论方面来说，内部控制质量对大股东掏空行为将产生很大的影响作用。如果内部控制缺失或者失效的时候，公司透明度和信息披露程度也会随之下降，促使大股东和中小股东之间的信息不对称现象越来越明显。公司对大股东行为和监督的限制也将被削弱，大股东将有更多的机会抓住现有的制度漏洞，实施掏空行为。

在我国资本市场上，股权集中所导致的代理问题尤为严重，这将严重损害企业的盈利能力和中小股东的利益，进而影响资本市场的健康发展。尽管股权分置改革使得我国证券市场上的股权"二元"结构现象不复存在，非流通股开始逐渐实现上市流通。大股东的获利基础发生了变化，导致其行为模式也发生变化。从全流通前大股东只进行利益输送的单一模式，发展为全流通后在资本利得和利益输送之间进行权衡的双重模式。中小股东和大股东同权同股，资产价值市场化。所以，股权实施分置改革后，大股东直接"掏空"上市公司资源的行为就比较少了，采取直接"掏空"公司资源和利益的行为有所收敛，但实际上，全流通仅仅是消除了证券市场上人为设置的"樊篱"，并没有解决大股东与中小股东之间的代理问题。大股东持有的公司股份的占比还是占大多数，"一股独大"的局面没有从根本上得到解决。与之相反的是，大股东掏空行为越来越隐秘，中小股东利益保护问题不但没有得到解决，还更加严重了。大股东的"掏空"方式与路径较以往有所改变，形式更加多样且隐蔽。股权分置改革后，大股东利用其控制权和绝对信息优势，通过操纵信息、故意瞒报、关联交易等更加隐蔽的方式进行"掏空"，严重危害了中小股东的合法权益。因此，财务信息披露成为有效抑制大股东代理问题的重要机制。

这些研究为人们评价内部控制提供了实证依据。但是，国内对内部控制的研究很多都是处于刚刚起步的阶段。我国上市公司是不是能够坚守内部控制的规范、上市公司实施内部控制的经济后果如何等问题还需要得到进一步的验证。内部控制制度的有效性和外部审计的公允性显得至关重要，成为中小股东维护合法权益的有效途径。因此，本书对这两方面的研究具有一定的理论和实践意义。

本书以2013—2017年上海、深圳证券交易所的A股上市公司为研究样本，研究公司治理之间的关系，内部控制和大股东掏空行为，以及影响保护少数股东的权益，同时也提供了相应的建议供有关监管机构制定政策并完善内部控制制度时参考。本书将内部控制质量和内部控制信息披露纳入研究体系。本书共分为三个研究，每个研究都从不同的、相互关联的角度分析了大股东掏空行为的影响因素。

首先，从公司内部治理机制的角度出发，对股权结构和大股东掏空行为的影响进行深入研究。与传统公司治理理论研究的方向和重点不同，本书从股权结构的角度探讨了股权分置改革后大股东掏空行为。股权结构身为公司治理结构的根本，对公司的治理绩效和价值产生一定的影响。股权结构对于公司代理问题产生的种类也会造成一定的影响。股权分置改革实施之后，非流通股取得了流通权，大股东的持股比例有所减少，公司股权结构也出现了很大的改变。本书试图探讨股权分置改革后的股权结构和"隧道挖掘效应"产生的关系。

其次，内部控制制度是保证财务会计信息可靠性的重要制度安排。本书研究了控制权、现金流权分离以及内部控制缺陷之间的关系，为控股股东控制权过剩影响内部控制机制和披露提供了证据。对内部控制质量对大股东掏空行为的影响机制进行系统化研究，且对股权结构和产权对大股东掏空行为的影响进行深入研究。

再次，在审计选择的实证研究中，本书选取了会计师事务所选择和审计费用两个变量，分析在不同股权结构下，上市公司的审计选择。并进一步分析了不同的产权性质对股权集中度与审计选择关系的影响。从审计供给和需求两方面分析了其与大股东掏空行为的关系和影响作用，以期较为系统地提出中小股东权益审计保护机制的理论机理和实现路径。

第二章
文献综述

Meckling 和 Jensen（1976）定义代理关系为公司所有者和经理人之间的契约，经理人被委托代表所有者执行一些重要的服务。但由于合同是不完善的，利益是不同的，各方的目标不一致可能导致冲突和相关成本（Grossman and Hart，1988）。为了最大限度地减少缔约方（即委托人和代理人）之间的目标不一致，人们提出了一种治理机制，即集中所有权或集权控制（Jensen and Meckling，1976）。然而，尽管集权控股可能有效地缓解第一类代理问题，但不同股东阶层之间的第二类代理问题可能会因此潜在地加剧（Singla et al.，2014；Ward and Filatotchev，2010）。虽然无论所有权类型、治理结构或经营环境如何，在一定程度上第二类代理问题在所有公司中都可能存在，但在所有权高度集中、对少数股东的法律保护较少的公司中，第二类代理问题最为严重（Young et al.，2008）。虽然以前的文献通常使用所有权集中作为衡量第二类代理问题的变量，但通过对相关法律、财务、会计和管理文献的回顾可以得知，还有许多其他因素可能会导致第二类代理问题。本书从第二类代理问题出发，研究影响第二类代理问题的因素，进而试图通过公司内外部治理优化来减少大股东掏空行为。

1 大股东与中小股东的代理冲突(第二类代理问题)

就公司治理研究的发展历程而言，早期的研究都是集中在因为股权比较分散而形成的管理者与外部股东之间的代理问题。近年，通过学界研究股权结构的相关数据能够发现，国际上很多国家和地区的企业股权结构是比较集中的，没有那么分散。因为大股东掌握着企业大部分股权，其对于上市公司拥有很强的控制力，且对上市公司的各种决策产生很大的制衡作用，进而实现自己中饱私囊的目的，使得大股东和中小股东之间发生严重的利益冲突，也就是"大股东代理问题"，有人将其称为"第二类代理问题"。与我国的实际发展状况相互结合，我国企业上市属于强制性制度改革创新的产物，所以很多上市公司的前身都是国有企业，是通过它们进行改革而形成的上市公司，进而呈现出国有股"一股独大"的特点。

从 Vishny 和 Shleifer（1997）的论述开始，学者们纷纷开始研究大股东与中小股东代理冲突问题，随后 LLSV 等从不同的角度出发，对这些问题展开科学的、系统化的研究。Johnson、LaPoorta、Lopez-De-Silanes 和 Shleifer（2000）第一次用"隧道挖掘效应"（tunneling）形容大股东通过隐蔽的渠道实施掏空行为，也就是上市公司侵占公司财产的行为以实现自己中饱私囊的目标。他们提出，大股东"掏空"上市公司大体上采用两种形式：一种是大股东利用关联交易方式对公司资源进行转移，其中包含非法欺诈、转让以及出售合法资产等行为；另一种就是使用内部交易以及摊薄股东权益等方式。这种方式不用转移公司的资产，进而使得公司利益能够转移到大股东手中。

目前，很多研究从不同的国家和地区寻找大股东掠夺中小股东的证据。LLSV（2002）是最早建立大股东代理问题模型的经济学家。其模型得出的结论是：投资者保护机制的完善程度与大股东的"掏空"程度呈负相关关系，大股东的现金流权比例和大股东的利益侵占之间具备明显的负相关关系，上市公司价值和投资者保护机制的完善程度之间具备正相关的关系，大股东的现金流权与公司价值之间具备正相关的关系。就研究方法而言，现在非常流行的做法就是对大股东的投票权（voting rights）、现金流权（cash flow rights）以及二者之间的分离程度和企业的公司绩效、公司价值之间的关系进行验证，进而能够为大股东掠夺中小股东利益提供重要的依据。对于间接衡量法而言，其能够如此盛行，主要是因为这种方法的直觉性是比较高的，也就是大股东倘若采用各种很难得到证实的手段将上市公司资源转移走，对中小股东的利益进行侵占，则肯定会表现在企业的市场价值或者经营业绩上。这种方法不会直接用在对大股东究竟是如何转移其控制的上市公司的资源上，因为很多转移手段具备很大的隐蔽性，很难得到验证。

1.1　关于大股东的所有权结构特征的研究

1.1.1　国外研究现状

所有权结构特点是指大股东拥有投票权和现金流权。为了让成本和收益之间实现一定的均衡性，投票权和现金流权实现了分离，那么由此带来的就是上市公司的资源被转移，投票权和现金流权的分割越来越明确，大股东也会趁机侵占公司的利益。

LLSV（1999）、Mitton（2012）、Lin（2010）指出，上市公司和企业集团之间产生一定的关联性，大股东将会比外部股东获得更高的收益，内部人通过在集团内部控制某种交易和商品以及获得实际控制权之后转移公司的财产获得利益。然而，近年股权结构的最新证据表明，即便在美国这样股权高度分散的国家，大股东控股也是一种十分普遍的现象。Holderness（2009）研究显示，在欧美发达国家以及东亚、东南亚等国家和地区许多公司都是由大股东控股的。在东南亚国家和地区，上市公司与大股东进行控制的比例为18.79％，而在东亚地区这一比例高达近30％。Holderness的研究发现，在美国上市公司中，有96％的样本公司中存在着大股东，且大股东持股比例平均为39％，美国上市公司所有权集中的现象同世界上其他国家并无两样。Laeven等（2008）通过对美国上市公司的股权结构数据进行分析发现，美国上市公司股权高度分散的现状受到了严峻的挑战。集中型的股权结构，是全球范围内绝大多数国家和地区所有权结构的常态。在公司治理机制形成的众多影响因素中，所有权结构是最为重要的因素。不同于传统的公司治理理论研究的方向、重心，本书首先从股权结构这一角度着手探讨股权分置改革后大股东掏空行为，股权结构与大股东掏空行为之间存在何种关系。因此，近年关于不同国家股权结构的最新证据出现以后，公司治理研究所关注的焦点就主要集中在大股东身上。同时，也指出，在欧美发达国家，有将近35％的上市公司拥有多个大股东。

Claessens、Diankov和Lang（2000）在全球上市公司中，发现中型公司和家族控制型公司的数量大大超过了股权分散型公司，如何让大股东和中小股东之间的矛盾和冲突得以缓解，这是公司治理的核心要素。他们对分析方法进行了进一步研究和改进，运用到了东南亚和东亚9个经济体当中，他们分析了2 980家上市公司，对具体所有权和控制权分离的情况进行分析，在家族控制公司和规模较小的公司之间进行对比发现，所有权与控制权的分离程度是完全不一致的，企业的管理层与大股东并没有实现分离，一半以上的企业高级管理者都是由大股东担任的，这就说明大股东一方面位于金字塔顶层，同时又获得了公司的实际控制权，派出自己的家族成员担任上市公司的经理或高级管理者，从而让自身对于公司具有全面的控制。研究显示，经济发达的国家和地区中公司控制权和股权的分离越来越明显，而在一些低发展水平的国家和地区，少数大家族控制了大部分的上市公司资产。

在以上研究的基础上，Claessens、Diankov、Fan 和 Lang（2002）对东亚 8 个经济体研究显示，企业的市场价值和大股东的现金流之间是正比关系，大股东在企业中的所有权可以推进企业的发展，企业的市场价值和股东成员之间也呈现出正相关的关系，如果控制权超过所有权时，那么企业的市场价值将会对大股东产生负面影响。大股东对上市公司不能够过度地干预和控制，这对上市公司是不利的，同时也会让上市公司的利益被剥夺。所有权和控制权的分离会让企业的增值空间减少，同时也可以解释为什么中小股东的利益被掠夺。他们指出，东亚地区的上市公司中，大股东位于金字塔的顶层，其持股的身份控制了企业的所有权，从而掠夺中小股民的利益。大股东掠夺中小股民的利益是东亚地区乃至世界上许多上市公司共同存在的问题，这种代理问题会造成一定的社会资源的浪费，同时也浪费了众多可以投资的机会。

LLSV（2002）建立了相关的模型，从而全面形成对中小股东的保护。从模型中可以发现，大股东的现金流权越大，最终流向中小控股的越多，企业价值也就越高。法律对中小股东权利的保护越好，那么中小股东的利益保障也就会越强，企业的价值空间也就越大。法律对中小股东权利而言有重要的保护作用。本书通过研究 27 个发达国家的 539 个上市公司，对以上假设进行检验，实证研究结果显示和模型理论是一致的，如果对投资者的保护越弱，那么企业的价值就会越低，大股东对上市公司的现金流权的控制将会更多。有些国家和地区对投资者的保护相对较为薄弱，所以这些国家和地区的上市企业其价值并不高。

LLSV（2002）通过研究间接为大股东"掠夺"中小股东提供证据，在法律的框架之内大股东"掠夺"中小股东的利益是合法的。研究结果显示，投资者保护能够使得企业获得更多的额外资金用于投资，从而促进金融市场的快速发展和企业的长远发展。

Lemmon 和 Lins（2003）研究了东南亚金融危机期间企业所有权结构

的改变，东南亚金融危机对企业的投资者有一定的负面影响，使得大股东更多地去"掠夺"中小股东的利益，大股东通过控股的方式将企业的控制权和现金流权进行分离，所以大股东会有更多的机会"掠夺"中小股东的权益。对东南亚 8 个国家的 800 家上市公司进行研究发现，东南亚金融危机发生期间大股东"掠夺"中小股东的权益的事件比比皆是。股票的收益率不断下降，这些实证显示企业投资机会下降，公司治理结构会限制对中小股东的利益的剥夺。在不同的国家和地区，大股东和中小股东之间的代理关系是不同的，研究应该在一定的环境和制度之下进行，分析不同企业大股东与中小股东之间的代理问题。

Burkart 和 Gopalan（2006）分析了股东法律保护、管理层激励、监督以及所有权集中之间的互动关系。法律保护程度不仅会影响对中小投资者的侵占，也会影响大股东提供监督的激励效应。Farsto（2006）的研究发现，无论大股东变得更加积极，还是转让股权时，都会影响公司治理。股权转让将降低股价，增加股票的流动性，增强市场的接管效应。监督会削弱管理层的激励，这些因素共同决定了法律保护与所有权集中之间的关系。当法律保护与监督之间相互替代时，法律削弱了监督的激励作用，法律保护与所有权之间的关系并不是单独割裂开来的。由于法律保护得当使得监督更容易被执行，完善的法律规范了股东的行为，所有权集中与法律保护之间成反比关系。

1.1.2　国内研究现状

在我国，第一大股东的股权通常比第二大股东高得多（Chen et al.，2009；Cheng et al.，2009；Firth et al.，2006；Gul et al.，2010；Wang，2005）。Chen（2009）表示，截至 2004 年年底，第二大股东持股比例为 5%，而第一大股东持股比例为 42.61%。我国对大股东与中小股东的研究较早，最早对大股东现象进行研究的是孙永祥教授，他通过分析上市公司的股权结构，将股权结构划分为三种类型：绝对控制、相对控制和分散控制，并一一进行研究。实证结果显示，随着上市公司第一大股东的股权比例不断上升，然后再有所下降，股权高度分散的结构对比高度集中、有相对大股东及其他大股东存在的股权结构，更有利于企业的治理和发展。

我国学者关于大股东的所有权结构特征的研究成果总结如表 2-1。

表 2-1　21 世纪初我国学者关于所有权结构的代表性研究成果

研究年限	代表学者	研究方法	研究结论	主要观点
2002 年	朱武祥等	结合国内外相关的文献研究和实践经验，分析"一股独大"的企业发展问题和多元化股权的问题。	如果一个企业是"一股独大"，那么股权分散和多元化并不能解决股权集中带来的问题。股权结构是公司在产品竞争过程中资本市场为了增强企业的竞争性而进行人为的股权比例的划定，主要是为了实现企业的持续运营和商业化运作手段。	在实践过程中不存在最优和最合理的股权比例，股权多元并不是治理上市公司的目的，也不是上市公司进行股权划分的前提条件。
2003 年	徐晓东等	对在我国上市的 508 家企业 4 年绩效展开调查，研究大股东的所有权性质和第一大股东的变更对企业的治理问题。	第一大股东为非国有的 32 家公司，有着较高的企业价值和盈利能力，经营更加活跃，公司的治理水平更高。	所有权集中一定程度上促进了企业的治理效率和发展。
2003 年	余明桂等	对我国上市公司 1999—2001 年关联交易的实证研究。	大股东控制公司、关联交易明显高于大股东担任高级职务的公司及关联交易明显高于不担任高级管理者的公司，大股东持股比例和大股东在董事会的比例越高，那么交易的关联性就越多，大股东确实能够帮助关联交易，"掠夺"中小股东的利益。	所有权集中带来了第二类代理问题，大股东更倾向于侵害中小股东权益。
2004 年	李增泉等	通过 A 股上市公司 2001—2003 年交易数据对所有权结构和大股东的掏空行为之间的关系进行研究。	结论一：大股东占用了上市公司的资金，第一大股东所持的比例与其他股东持股比例呈现出负相关的关系。 结论二：大股东的控制方式和资产性质对其资产占用的方式也有明显的影响，控股公司控制上市公司的股东占用资金明显低于集团控股公司。国有企业控制的公司大股东占用的资金会高于非国有企业控股的上市公司。	所有权集中与大股东资金占用负相关，且国有大股东更倾向于占用上市公司资金。

（续）

研究年限	代表学者	研究方法	研究结论	主要观点
2005 年	马曙光等	建立联立方程模型实证研究上市公司现金股利政策和资金占用情况。	国有控股公司的现金股利在前一段保持较高的位置，国有法人控股公司现金股利发放的水平在两个阶段达到最高的位置，但资金占比相对较低，其侵占资金的程度更为严重，国有股东控股的公司资金相对较为集中。	现金股利和资金侵占行为是当前大股东实现利益最大化的方式和工具。
2009 年	吴红军等	借鉴 LLSV 的研究成果构建了理论模型进行实证研究。	当其他大股东在对大股东进行有效制约的时候，如果这种制约力越强，则大股东的利益侵占行为表现为先逐渐增加、然后逐渐减少的态势。企业的价值则表现出先逐渐下降、再逐渐上升的态势。	股权集中度与大股东利益侵占行为呈倒 U 形关系。大股东两权分离越大，则利益侵占行为也就越多。
2010 年	刘银国等	上市公司实证研究。	股权集中度、股权的相互制约性和公司业绩之间的密切关系，上市公司的股权集中度、相互制约程度分别与公司的业绩呈现出反向关系。	股权集中与公司绩效负相关。

由前述分析可以看出，由于样本选择的不同，分析角度的差异，以上国内学者的研究结果并不完全一致，特别是股权集中对大股东侵占行为的影响作用难以达成一致。从公司治理程度而言，我国股市"掏空"效应研究显示，大股东和中小股东之间存在一定的利益冲突，控股权优势和大股东可以牺牲中小股东的利益作为代价来追求更高层次的利益。第一大股东持股比例和第一大股东处于绝对控股状态的上市公司更加倾向于同股同权不同价，由于这种特殊的方式导致现金股利的"隧道挖掘效应"。我国上市公司的股权结构和公司治理行为有待进一步研究和挖掘。这些研究主要集中在几个方面：①股权结构与企业业绩的关系（陈小悦、徐晓东，2001）；②董事会的结构变化（邹风、陈晓，2002）；③公司高级管理人员更换与企业业绩间关系（朱红军，2002）。虽然这些研究从不同层面介入了股权和治理权之间的

关系，但是笔者认为存在的问题只是简单地从国有股、法人股和流通股进行考察，几乎没有涉及大股东之间的制约关系，研究的对象更多的是集中在股权结构和公司业绩基础之上，并没有对关联性交易进行阐述。制度所决定的特有的公司治理问题才是本书研究的核心所在。

1.2 关于投票权与现金流权分离的研究

Claessens（1999）的研究结果显示，当公司中存在着主要的大股东时，大股东常常与分散的中小股东产生利益分歧，大股东有可能通过各种方式侵占其他股东利益。Claessens 等（2002）认为，这是用来衡量控股大股东在公司治理当中具体的作用，最终采用实际控制人的现金流权和投票权。他们指出，大股东的现金流权与投票权的分离程度越大，大股东行为的目标就会与公司的目标趋于一致，大股东就会致力于促进公司顺利运转，从而使公司的市场价值与大股东所占的股份权重成正比。反之，当大股东的现金流权越小、投票权越大，则大股东的目标收益函数就会与公司的价值目标相背离，大股东为攫取私利，对中小股东利益的盘剥就会越严重。Johnson 等（2000）把这种控股大股东对小股东的利益的剥夺，称之为"隧道挖掘效应"。

大股东为达到控制公司的目的，采取的手段主要有三种：金字塔结构、交叉持股（即大股东与其控股的上市公司之间相互持有对方的股票）、大股东通过指派公司高层管理者入驻公司的方式控制公司（公司的主要高层管理人员大多数来自大股东的家族，且多为大股东的家族成员或其朋友）。金字塔结构就是指大股东处于金字塔的顶端，这样的控制模式是一般上市企业所特有的，可以间接控制另一家公司。交叉持股的控制方式则较为少见。一般来看，在欧洲、东亚的国家和地区的上市公司中，约有 2/3 上市公司的大股东是通过任命公司高层管理者的方式来实现对公司的控制。采用金字塔结构的控制方式，则排在第二位。在东亚和东南亚国家和地区的上市公司中，由于缺少较好的投资者权益法律保护制度，大股东常以金字塔结构为手段进行控制。

由于我国特殊的制度环境，上市公司的所有权结构处于集中状态，其特征与欧美国家有许多的不同，与东南亚国家和地区的区别十分明显。在我国，中央和地方各级国有资产管理部门，以大股东的身份控制着相当大比例的上市公司，他们主要以金字塔结构为手段进行控制。由于这些公司的现金流权和投票权的分离程度比较高，所以代理问题十分严重。

叶勇、胡培、黄登仕（2005）以 A 股上市公司作为研究样本显示，在样本公司当中终极控股股东拥有控制权约为 40％左右，现金流权也为 40％左右，控制权平均高于现金流权，这比东亚地区的平均值都要高出许多，也比欧洲的发达国家高出许多。从历史上来看，各级政府和主管部门控制上市公司，其现金流权和投票权也明显高于其他类型的公司。

股权分置改革从 2015 年开始，刘艳红发现，随着股权分置改革，虽然进一步降低了大股东在公司的股权份额，但利益侵占行为却时有发生，大股东代理问题越来越突出。其对 2007 年我国大股东持股比例进行了研究，研究显示我国上市公司大股东控制比例位于中位值，比第二大股东高出了20％，属于典型的集中股权结构。股权分置改革之后，虽然打通了流通股和非流通股之间的通道，但是金字塔结构并没有发生太大的变化，控股大股东仍然会侵占公司的资源和占领中小股东的利益，随着大股东的控制权越来越大，现金流权越来越小，大股东对中小股东的利益侵占行为也会越来越多。

综上所述，许多国内学者与 Claessens 等的观点一致，认为在现金流权和投票权严重分离的情况下，大股东拥有的现金流权越多，其与公司的行动就会越一致；但大股东拥有一定的现金流权，使其投票权更大，与公司的经营目标会产生背离。然而，从全球范围来看，终极控制者常采取多种方式，使其投票权远大于其现金流权，以谋取控制权的私人收益。在这个金字塔结构中，位于金字塔结构最顶端的，既有可能是自然人，也有可能是公司法人，他们通过对公司中间层的控制，实现对公司最底层的控制，直到不再继续控制为止。作为金字塔顶端的实际控制者，能通过资本来控制大量的资产。金字塔控制方式由此成为全球企业运用最为广泛的控股方式。交叉持股方式，是指大股东与其控股公司之间，相互持有对方的股票。控制权与现金流权分离的第三种方式是发行具有多种不同投票权类别的股票，其中一种股票被赋予扩大或相对扩大的投票权，而另外一种股票则被赋予了相对较小的投票权，或者干脆就没有投票权。在西方成熟的市场中，公司发行不同类别股票，可以使大股东在不丧失控制权的前提下，放心地将企业的经营权交给职业经理人去掌管，而自己只是作一个"安静的股东"。然而，我国现行法律却不允许公司发行具有不同投票权的股票。这也成为我国第二类代理问题较为突出的重要原因。

1.3 关于公司治理结构的研究

Morck 等（1988）研究认为，董事会持股比例相对较高，与绩效之间存在并不牢靠的关系，董事会持股一般在 5% 以内，两者存在显著的正相关的关系；如果持股比例超过 5%，则企业绩效会有所上升。西方大部分学者认为，较高的董事会独立性与关联方交易呈负相关，表明更好的公司治理可能会减少通过关联交易的掏空行为发生。更积极的观点是，更好的公司治理必须要减少掏空行为，而这也是提高公司治理标准的预期结果。Johnson 等研究表明，在公司治理薄弱的国家，更糟糕的经济前景可能会导致经理人更多地实施挖空行为，随后资产价格下跌（Johnson et al.，2000）。因此，更强的公司治理和董事会独立性被视为解决"掏空"问题的方法。一方面，审计委员会主要由独立董事组成，负责审查关联交易。另一方面，如果关联交易提交董事会会议，独立董事应该对此事提供更客观的看法。换句话说，通过董事会独立成员的眼睛和大脑行使监督职能，以确保关联交易的公平性，并减少实施挖空行为的机会。总体而言，这可能会产生一些威慑效果，因为那些想要进行"掏空"的人可能更不愿意经历这个过程。审计委员会负责审核财务报表和监督内外部审计，确保披露质量。

总的来说，研究结论倾向于同意掏空行为不仅会对公司业绩产生负面影响（Kohlbeck and Mayhew，2010），而且还会对一些亚洲经济体产生负面影响（Kang et al.，2014；John，2003）。在审查了 1998—2000 年间中国香港地区的 375 份关联交易备案后，发现公布关联交易的公司低于公布公平交易的公司（Cheung，Rau，2006）。

有广泛的学术文献支持这样的观点，即更好的公司治理与更好的公司价值相关（LaPorta et al.，1998；Dahya and McConnell，2007；Duchin，Matsusaka and Ozbas，2010）。另一项研究表明，机构投资者可能愿意为新兴市场中公司治理良好的公司股票支付更高的溢价，尤其是在投资者法律保护薄弱的国家（Chen，Chen and Wei，2009）。一项研究表明，独立董事比例的外生增加导致公司透明度增加（Armstrong，Core and Guay，2014）。印度尼西亚学者的一项研究也支持这样一种论点，即关联交易披露的质量通常也意味着更好的公司治理（Utama and Utama，2014a）。也有研究证实了所有权集中的公司的影响（Baek，Kang and Park，2004）。

理论文献表明，董事会独立性和所有权集中度是影响公司绩效的两个最重要的公司治理机制（Adams，Hermalin，Weisbach，2010；Bozec，2005；Denis and McConnell，2003；Gillan，2006）。独立董事会可以通过监督高层管理人员以及在设计和执行公司战略方面向管理人员提供建议来保护股东利益并提高公司价值。大股东可以作为有效的治理机制监督管理者，但也可以提取可能降低公司价值的私人控制利益，尤其是在股东权利较弱的国家（Jensen，1993；La Porta，Shleifer，Vishny，1998）。

总而言之，如果更好的公司治理可以提高公司价值和透明度，这意味着它也将减少"掏空"的机会，这会对公司的价值产生负面影响。正如 Dahya 等认为，独立董事可以通过限制不利的关联交易来减少财富转移给大股东的威胁（Dahya，Dimitrov，Mc Connell，2009）。一些有限的学术成果支持表明更好的公司治理与金融文献中的掏空行为数量之间存在负相关。Yeh 等在中国台湾地区的一项研究中发现更好的公司治理与关联交易之间存在负相关（Yeh，Shu and Su，2012）。Utama 和 Utama 用 2005—2008 年的财务数据检查了在印度尼西亚上市的 200 多家公司。他们发现，更好的公司治理与关联交易负债呈负相关关系，尽管他们发现与关联交易资产没有显著相关性（Utama and Utama，2014a）。

关于公司治理结构的研究一直是我国学者研究的重点，我国学者更倾向于将股权结构与公司治理结构的内在关系进行研究，特别是股权结构与公司业绩的相关性（表 2 - 2）。

表 2 - 2　我国学者关于公司治理结构的代表性研究成果

研究年限	代表学者	研究方法	研究结论	主要观点
1997 年	Xu 等	基于托宾 q 值的实证研究	股权集中度与业绩之间的关系是正比关系，法人股比例与公司业绩之间呈现出 U 形曲线，当法人股股东持股约 30% 时，托宾 q 值会降到最低点。	股权集中一定程度上促进公司治理发展和业绩提升。
2004 年	Bai 等	基于托宾 q 值的实证研究	托宾 q 值与国家股东和法人股东持有的比例呈正相关关系，其发生转变的点是在 30%，这时第一大股东持股比例与托宾 q 值是成反比关系，而第二到第十大股东股权比例对 q 值有积极的作用。	股权集中促进公司治理发展和业绩提升，但有临界值。

（续）

研究年限	代表学者	研究方法	研究结论	主要观点
2005 年	李振明	对 1994—2003 年流通股比例最大的 20 家公司进行实证研究	流通股比例越大，其平均净资产收益率低于上市公司的平均值。	股权分散一定程度上降低收益。
2006 年	徐晓东	上市公司实证研究	第一大股东持股比例与企业业绩之间存在 m 形的关系，许多企业的业绩在 20%～30%区间达到了峰值。	股权集中促进公司治理发展和业绩提升，但有最大峰值。
2016 年	熊风华等	大股东控制公司作为样本实证研究	当大股东持有较高比例股权时，他们会关注企业的经营绩效，努力追求公司的长远利益，产生利益趋同效应，促进企业的可持续健康发展。	股权集中度使企业绩效产生正比的关系，两者之间呈现出开口抛物线。

股权集中度是反映股权结构的一种特定代理成本，显示股权分散的公司第一代理的问题，而过度集中会产生的监督思维的效应，有效地约束了管理者的短视行为、投机行为，股权集中度越高，那么大股东与公司的利益会更加密切，为了防止管理者出现投机倒把和损害股东利益的行为，大股东会做出强有力的措施进行反击，监管管理者的行为，并且他们会成为直接管理者，有效地缓解股东和管理者之间的矛盾和冲突。但当大股东持有部分股份时，他们为了扩大自身效益会通过关联来转移自己的财富，侵占其他投资者的资产，导致管理成本进一步上升，出现第二类代理问题。当管理层与股东的想法不一致时，就会出现道德风险和逆向选择的风险，代理成本会进一步上升。国内外关于公司治理结构（股权结构）与代理成本的研究总结归纳如表 2-3。

表 2-3 公司治理结构（股权集中）与代理成本的代表性研究成果

研究年限	代表学者	研究方法	研究结论	主要观点
1994 年	Admati 等	实证研究	股权过度集中会导致大股东对管理者进行严格的监督，但也存在着风险分散不足的问题。	正相关
2006 年	肖作平等	实证研究	高管持股与代理成本并不存在显著的关联性，第一大股东持股比例和股东数量呈正比关系，少数股东分权制衡能降低代理成本和支出。	无显著相关性

（续）

研究年限	代表学者	研究方法	研究结论	主要观点
2011 年	陈永圣等	实证研究	适度的股权集中度可以促使内部和外部公司的治理机制所具备的作用能够最大限度地发挥出来，促使公司的治理效率能够得到显著提升。	股权集中，治理效率提升
2013 年	沈中华等	实证研究	股权集中对于股权激励效率会产生很大的影响，如果股权比较分散，需要增强股权激励效应，如果股权比较集中，需要降低股权激励效应；国有上市公司的代理成本的中介效应不是很明显，非国有企业的代理成本对于股权激励与企业投资效率的关系产生重要的中介传导作用。	中介效应
2014 年	王振山等	实证研究	股权过度集中，当期董事会独立性和当期管理层持股比例与当期成本代理成本呈反比关系，监督效应和利益趋同效应都能降低代理成本。	中介效应
2015 年	杨倩等	实证研究	股权的集中更有利于利益的分配，大股东通过控制现金股利来分配和削弱其他投资者的权益。	
2016 年	臧秀清等	实证研究	股权集中度的变化，让现金股利和企业价值之间的关系变得更加密切。	
2018 年	莫秋云等	实证研究	适度的股权集中度可以有效提升企业绩效，两者呈倒 U 形关系；股权集中度和第一类代理成本之间存在明显的负相关关系，对第二类代理成本不会形成明显的制约作用。第一类代理成本对企业绩效和股权集中度之间的关系产生重要的中介效应，而第二类代理成本的中介作用并不明显。	第一类负相关，中介效应；第二类不显著

1.4　关于大股东掏空行为的研究

近年，大量研究工作致力于解决因公司大股东的存在而引起的代理问题。正如 Shleifer 和 Vishny（1997）所研究的那样，集中所有权在美国和日本以外很常见。股权集中虽然缓解了分散股东和管理人员之间的传统代理问题，但也造成了大股东和中小股东之间的利益冲突。尤其是大股东采取掏空行为，将资源从他们控制的上市公司中转移出去（Johnson et al.，2000）。

先前的研究已经确定了各种形式的掏空行为，包括对大股东相关方的有利转让定价、过度补偿、为大股东提供贷款担保、公司间贷款和公司商业机会的攫取等（Faccio et al.，2001；Jiang et al.，2010；Johnson et al.，2000；La Porta et al.，1999）。尽管掏空行为的现存证据很多，但它往往是间接的，因为该领域实证研究的一个共同困难是直接识别和测量掏空行为的性质和大小（Atanasov et al.，2008）。因此，大多数研究人员无法直接观察掏空行为，而不得不依赖间接测量。

一组研究检查了大股东为投票权支付的溢价（所谓的"控制的私人利益"），并将溢价用作可能的掏空行为的证据（Zingales，1994；Claessens et al.，2002；Nenova，2003；Dyck and Zingales，2004）。尽管这些研究确定了掏空行为的存在以及法律和法外机制的重要性，但它们并没有确定将少数股东的利益转移给大股东的具体渠道。

另一组研究试图确定一种易受掏空行为影响的特定交易类型，并将其与公司业绩或公司治理联系起来。文献中研究过的交易包括集团内合并（Bae et al.，2002）、向集团成员提供私人证券（Baek et al.，2006）、对关联方的贷款担保（Berkman et al.，2009）以及大股东与上市公司之间的关联交易（Cheung et al.，2006；Jian and Wong，2010）。然而，虽然这些交易可以用作掏空行为传输的手段，但它们也可能是业务组内的正常运营交易。例如，一个垂直整合的企业集团应该有很多集团间交易，这些交易是否可以被认定为掏空行为取决于转移价格。此外，即使这些交易被认定为掏空行为，也无法明确衡量大股东从上市公司偷走的实际利益。因此，这组研究从上述交易公告前后的股价反应中推断出掏空行为的性质和幅度。

Jiang 等（2010）试图研究一种直接的"掏空化措施"，即上市公司向其大股东及其子公司提供的公司间贷款。然而，Jiang 等（2010）没有对大股东的公司间贷款进行精确计量，而是依靠基于名为"其他应收款"的资产负债表项目的代理。但并非所有的"其他应收款"都列出是对大股东的公司间贷款。

作为第一个使用"掏空"一词来描述大股东滥用公司资金的研究人员，Johnson 等（2000）列举了实现它的几种方法：将属于上市公司的增长机会转移给自己或其子公司；上市公司通过集团内交易向其拥有或控制的其他子公司转移利润；使用属于上市公司的资产、资金，或者作为其融资活动的抵押、担保；以及旨在稀释其他股东利益的资本运作。弗里德曼等（2003）提出了一个模型，显示大股东如何"掏空"或支持不同财务状况的上市公司。同时，拥有金字塔所有权结构的公司更有可能被"掏空"，但在面临不利冲击时更有可能得到支撑。

在我国资本市场，Yu 和 Xia（2004）发现，关联交易在有大股东的公司中更为普遍。李等（2004）发现，大股东对上市公司资金的使用与第一大股东持股比例呈倒 U 形非线性关系。Wang 和 Xiao（2005）发现，在有机构投资者的上市公司中，最大股东前 10 名将资金用于关联交易的情况显著较少，机构投资者持股的增加与关联交易的程度呈显著负相关。Chen 和 Wang（2005）发现，关联交易的价值与股权集中度呈显著正相关，增加超过 10％数量的大股东会降低关联交易发生的概率和关联交易的价值。蒋和岳（2005）发现，大股东资金使用与上市公司未来盈利能力呈负相关，表明大股东资金使用对公司有负向影响。Gao 等（2006）的结论是，大股东的掏空行为会因所有权集中和企业集团控制而加剧，但受到管理层所有权和基金持有、信息披露透明度、投资者保护和产品市场竞争的抑制。罗和唐（2007）观察到，地方政府对市场的干预越少，金融市场越发达，该地区上市公司大股东掏空行为发生的概率就越低。Ju 和 Pan（2010）发现，规模较小、杠杆率较高、营业利润率较低、营业外利润占总利润比例较大的上市公司更有可能进行关联交易。杜等（2010）发现，高质量审计可以抑制上市公司大股东对公司资金的使用，但资金被大股东使用情况较为严重的公司可能不会选择进行高质量审计。Jiang 等（2010）检查我国上市公司的其他应收款，以检查大股东行为的性质、内容和经济后果。Wang（2010）指出，异常关联销售是上市公司大股东的一种支撑手段，在我国上市公司较为普遍。他们还表明，异常关联交易是与下一阶段大股东之间的现金转移关联放贷同时发生的。彭（2010）发现，在财务状况良好（财务状况不佳）的上市公司中，大股东更有可能通过关联方交易来引导（支持）公司，并且市场对此类交易的反应是负面（正面）。他们还发现，所有类型的关联方交易都可以用作"掏空"或支撑的手段。Wang 和 Xiao（2011）调查了我国上市公司大股东的掏空行为与高管薪酬激励之间的关系，发现大股东的掏空行为降低了高管薪酬绩效敏感性。这意味着大股东为了自身利益降低了管理层薪酬与绩效关系的激励。

2 第二类代理问题中内部控制的相关研究

内部控制制度和公司治理之间存在十分密切的联系。内部控制制度是保证财务报告可靠性的一项重要制度安排，内部控制制度对于减少代理成本发挥着十分重要的作用，不管是经理人侵占股东利益的行为，还是大股东侵占中小股东利益的行为，都将受到严厉的惩罚。经理人、大股东为了使得自身侵占他人利益保持所谓的"合法性"，一般会披露一些不真实的信息，或者将一些不利于自己的信息隐藏起来。不然，不仅中小股东会"用脚投票"的方式表达自己对上市公司的不满。国内外研究学者从内部控制信息披露与公司治理结构、代理成本、大股东利益侵占行为、盈余质量等方面展开了相关研究。

内部控制信息披露和公司治理之间有十分密切的联系，能够直接影响公司的代理成本。曹琼、王火欣和杨玉凤（2010）将《企业内部控制基本规范》作为理论依据，第一次创建内部控制信息披露指数，且对内部控制信息披露指数与代理成本之间的相关性问题进行深入研究。在详细统计内部控制信息披露指数之后得出，我国的内部控制信息披露水平不是很高。企业内部控制信息披露水平之所以存在很大的差异，主要和信息披露规则的详细指南有着十分密切的联系。通过研究显示，内部控制信息披露对于显性代理成本不会产生约束作用，主要是因为我国上市公司内部控制信息披露机制不够健全，对于上市公司显性代理成本还不能产生一定的制约影响。

国内外关于内部控制质量的研究较丰富，国外的内部控制制度研究开始较早且更趋完善，特别是在 2004 年美国《萨班斯法案》颁布后，上市公司更加重视内部控制制度的有效性和质量。我国关于上市公司内部控制制度研究的爆发期始于 2010 年《企业内部控制应用指引》发布后。本书将国内外关于内部控制制度与大股东掏空行为相关研究的代表性成果总结如表 2 - 4。

表 2 - 4　国内外内部控制制度与大股东掏空行为相关的代表性研究成果

研究年限	代表学者	研究结论	主要观点
1976 年	Jensen 和 Meckling	提出"资产替代效应"，即在高负债水平的情况下，股东和管理者有强烈的动机投资高风险的项目。因为一旦投资成功，股东和管理者将获得最大的收益。但是，一旦破产，债权人将承担主要后果，因为股东和管理者的责任有限。	内部治理必要性

（续）

研究年限	代表学者	研究结论	主要观点
1979 年	Smith 和 Warner	根据债务合同中的限制性条款设计了调查问卷，进一步得出内部员工可以通过以下四种方式侵犯债权人合法权益的结论：股利政策、债务稀释、资产替代和投资不足。	内部治理必要性
1997 年	Myers	股东和管理者可能会忽略在某些条件下具有正净现值（NPV）的项目。由于这些项目的收益主要属于债权人，因此降低了他们投资这些项目的积极性，即投资不足。	内部治理必要性
2005 年	Fan 等 Jiang 等	在金字塔式的股权结构下，由于复杂的控制链条，终极控制股东以较少的所有权获得公司较多的资源，其往往会操纵管理层，利用内部控制设计漏洞和运行弱点舞弊，甚至发生内幕交易、擅自改变资金用途等违规行为。金字塔层级越多，终极控制股东和中小股东之间的信息不对称问题越严重，中小股东对公司的内部控制制度了解越少，终极控制股东越可能通过损害内部控制制度获取更多的私利，使得内部控制出现更多缺陷。 从债务代理成本的角度认为大股东通过资产置换的方式侵犯了债权人的利益。	我国普遍存在着金字塔式的股权结构。位于金字塔顶端的终极控制股东以直接或间接的方式控制着公司。信息不对称现象严重，内部控制缺陷较大
2009 年	Doyle	关注信息对称性，提出内部控制可以通过提高企业会计质量、减少内外部信息不对称、帮助外部投资者做出更好的决策来保护债权人的利益。	内部控制制度有效性保护债权人利益
2009 年	谢志华	公司中普遍存在的代理问题，使其产生了对内部控制最本质的需求。近些年，我国政府监管部门加大了对企业内部控制建设的关注力度，特别是自 2008 年《企业内部控制基本规范》以及 2010 年《企业内部控制应用指引》相继颁布以来，我国企业掀起了内部控制建设的高潮。	代理问题是内部控制制度最本质的需求
2011 年	Dong 等 洪金明等	上市公司内部控制质量与盈余质量正相关，加强内部控制有助于提高财务会计信息质量，而高质量的外部审计也可以起到降低代理成本、保护投资者利益的作用。	合理的内部控制制度可以使得盈余质量的作用能够最大限度地发挥出来

（续）

研究年限	代表学者	研究结论	主要观点
2012 年	佟岩等	使用的样本数据为 2007—2009 年深沪两市 A 股上市公司的数据，实证结果显示，不管市场有多集中，对于非国有企业而言，金字塔层级和披露内部控制鉴证报告的可能性之间具备负相关的关系。	金字塔层级以及股权集中加剧了内部控制缺陷
2012 年	李增泉	大股东可以通过多种方式进行财务决策，从而影响公司治理。然而，债权人往往仅通过信息披露的方式来了解资产是否被不合理占用。由此可见，内部控制质量的高低会显著影响大股东所引起的资产置换。	内部控制的质量高有利于保护债权人的利益
2013 年	Yang	当内部控制质量水平较高时，债权人会感知保护信号，进而愿意放宽债务合同条件。债权人倾向于持有更多的债券资本，并且偏好较低的债券资本和更长的债务期限。	内部控制质量与债权人保护正相关
2013 年	杨德明等 杨丹等	提升公司内部控制质量可以使得大股东和中小股东之间的代理成本有所减少。	内部控制质量与第二类代理成本负相关
2013 年	储成兵	金字塔层级与存在内部控制缺陷的可能性正相关。	金字塔层级与内部控制有效性呈负相关关系
2015 年	邵春燕等	结合 2009—2013 年我国制造业上市公司数据，采用实证分析的方式对终极控制股东对内部控制缺陷产生的影响进行验证。通过研究结果显示，内部控制缺陷与现金流权和终极控制股东的控制权之间具备明显的负相关关系；控制权和现金流权的两权分离度和内部控制缺陷之间具备正相关的关系；金字塔层级和内部控制缺陷之间具备正相关的关系。然而，终极控制股东的性质对于内部控制缺陷并不会产生太大的影响。由此可以看出，提升内部控制质量可以对终极控制股东带来巨大的影响。	良好的内部控制对于企业的生产经营目标的实现产生积极的影响
2017 年	王祥兵、喻彪	使用 2009—2013 年的我国 A 股民营上市公司的有关数据，采取实证分析的方式，对大股东两权分离程度和公司现金持有水平及价值之间的关系进行详细验证，对于这种关系在公司的内部控制质量会不会产生影响进行检验。研究结果显示，两权分离对现金持有的影响和公司的内部控制质量之间存在十分密切的联系，提升内部控制质量使得两权分离对公司现金持有水平及价值产生的消极影响有所降低。	内部控制质量提升能有效降低大股东掏空行为（资金占用）

3 第二类代理问题中外部审计的相关研究

西方文献中很早就关注到会计信息质量、信息透明度对契约、公司治理的影响，研究成果非常丰富（Armstrong et al.，2010；Bushman and Smith，2001；Fields et al.，2001；Lambert，2001）。Armstrong 等（2010）对 2001 年后有关信息透明度与公司治理机制的研究文献进行总结，从以下两个角度出发：其一，管理层与股东的第一类代理问题；其二，大股东和中小股东的第二类代理问题。他分析了财务会计信息和上述企业及公司治理机制之间存在的联系，分别为债务契约的作用、企业董事会结构、股权结构关系等。他发现财务会计信息能够降低管理层、股东、债权人之间的信息不对称，从而影响各种公司治理机制的作用发挥。从第二类代理问题视角讨论公司透明度与治理机制的研究主要集中在股权结构方面，如 Fan 和 Wong（2002）分析的主要对象是东亚四国的企业，得到的结论是股权集中度和企业盈余信息之间具有重要的关系。Bushman 等（2004）也研究了盈余及时性和股权集中度之间存在的反向关系。他认为，如果盈余质量和信息都受到了股权结构的影响，那么，如果股权集中度更高，信息透明度就会更低，这就充分展现了第二类代理问题。Francis 等（2005）分析的主要对象是美国的双重结构公司以及配对公司，得到的结论是在双重结构公司中，盈余价值相关性明显更低。但也存在相反的理论与证据，Fan 和 Wong（2005）也指出，在投资者保护较弱的新兴市场，股权集中度更高的公司倾向于聘请质量更高的国际四大会计师事务所对公司进行审计。

结合我国学术界的研究成果分析，几乎很少有学者去分析信息透明度和企业治理机制之间的关系。大部分学者研究了不同的企业治理机制为其盈余质量带来的影响，同时也研究了治理机制给信息环境产生的影响。就第二类代课问题而言，王克敏等（2009）指出，如果一个企业的信息透明度不高，那么，就说明其内部存在一定的大股东占用资金的现象。也就是说，改善企业的信息透明度，那么，大股东和中小股东之间的信息不对称程度会得到一定的改善，最终使得代理冲突得到一定的缓解。

在企业中，内部工作者在对财务会计信息进行披露的过程中，很可能存在对披露信息进行操纵的情况，还可能出现盈余管理的现象，这些都会造成财务报告变得不够准确，可靠性下降。为了提高财务会计信息的可信度，有必要制定相应的制度，确保财务报告真实准确，在达到这一目标的过程中，独立外部审计是非常重要的。所以，高质量的外部审计确实能够有效地减少代理冲突，同时又能够维护投资者权益（Fan and Wong，2005）。高质量的审计意味着更充分的信息披露及更可靠的会计信息质量。高质量的外部审计师为了维持其声誉，降低审计风险，在进行审计过程中，会倾向于选择更稳健的会计政策。这将有利于缓解代理成本，抑制大股东的利益侵占行为。

自 Jensen 和 Meckling（1976）发表了研究成果之后，部分学者就通过分析提出，为了减少管理层和外部投资者的代理成本，企业是否会对外聘请高质量的外部审计师，通过这种方式来提高自身的价值。有关文献提出的具体假设包括：假如管理层持股比例不断上升，那么，他们和股东间的代理成本就会不断下降。在这样的情况下，企业也会降低外部审计需求。假如负债率不断上升，那么，管理层能够自由支配的现金流就会不断下降，管理层和投资者的代理成本就会有所减少。企业的外部审计需求也会随之减少，结合相关研究结果来看，Simunic 和 Stein（1987）通过分析提出，管理层持股比例和外部审计需求之间具有负比例关系。Lennox（2003）分析的主要数据来自 2000 年英国企业，他得到的结论是管理层持股比例和外部审计质量具有非线性关系。

Backman（1999）得到的研究结论是，在东亚地区的转型经济体中，即使存在代理冲突，审计服务方面也不会有高质量的需求，大股东往往也倾向于使用低质量审计，以此来减少外部监督强度。Francis 和 Pereira（2003）运用 LLSV（1998）对于国家法律制度保护中小投资者的力度的打分方法，分析的主要内容是审计师需求和保护中小投资者的法律制度强弱存在的联系。最终得到的结论是，如果一个国家的中小投资者利益强度比较弱，那么，审计师的质量也往往处于较低水平。在一个国家中，如果法律环境保护力度不够强大，那么，审计师选择和代理成本之间是没有联系的。Ashbaugh 和 Warfield（2003）得到的研究结论是，对于德国的企业来说，如果所有权上升，那么，无论是外部监督，还是财务信息披露，企业的要求都会下降，最终使得对高质量审计师的需求降低。Fan 和 Wong（2003）在分析过程中，选择的代理成本指标由两部分构成：一部分是大股东的控制权，另外一部分是收益权分离程度。Fan 和 Wong（2005）得到的结论与之截然不同，他分析的主要对象是 8 个东亚国家，使用的主要方法包括 Morck、Shleifer 和 Vishny（1988）方法，得到的结论是：在一个企业内部，如果股权代理成本比较高，那么该企业审计过程中也会倾向于选择国际四大会计师事务所。从事务所角度来看，如果要确定审计收费以及报告类型，企业代理问题也是他们非常重视的一个内容。也就是说，在新兴资本市场的发展过程中，审计治理确实具有非常重要的作用。在分析审计需求、代理成本和融资需求的关系的过程中，为了控制大股东和中小股东的代理问题，审计是一个非常重要的方式。Claessens 等（2002）分析了大股东控制权的含义，同时也研究了现金流权的具体含义。他们提出，大股东控制权比例和选择高质量审计师之间具有正比例关系。特别是出现大股东所持股权大于 30％的情况，那么，大股东自身也往往倾向于选择高质量的会计师事务所。Claessens 等分析的主要对象是企业选择高质量审计师的概率，最终得到的结论是：这一概率和企业价值之间具有非常突出的正比例关系。也就是说，在一个企业之中，如果其股权的 50％或者超过 50％的比例掌握在大股东手中，那么，企业价格提高就会受到不良影响。

从外部审计产生的角度来看，企业代理成本的高低和选择高质量外部审计师的动机具有正比例关系。

高质量的外部审计可以抑制代理人通过各种方式隐瞒或操作信息的行为。然而我国现有的研究并没有得出一致的结论。在新兴市场中，往往呈现出高度集中的股权结构（LaPorta et al.，1999）。在这种股权结构下，大股东可以对企业实施有效控制，因此研究更关注的是大股东是否会通过购买高质量的外部审计服务来缓解大股东与中小股东之间的代理问题。曾颖、叶康涛（2005）分析的主要内容是外部审计需求、代理成本和股权结构直接存在的联系。他们在分析过程中发现，大股东的持股比例与聘请国际四大会计师事务所审计之间存在先升后降的关系。如果大股东持股比例不断增加，那么，从企业角度来看，往往就会选择综合质量更高的审计公司，也就是国际四大会计师事务所。当该比例不断上升到某个程度后，那么，企业就会选择其他公司。王艳艳、陈汉文和于李胜（2006），高强、伍丽娜（2007），王烨（2009）在分析过程中使用了实证分析法，得到的研究结论是第一大股东"隧道挖掘效应"的强弱和聘请高质量的外部审计公司的动机强度呈现正比例关系。唐跃军（2011）通过分析提出，大股东控制权和现金流权的偏离程度高低和选择国际四大会计师事务所的比例高低呈现正比例关系。

总而言之，高质量的审计确实能够在一定程度上防止企业内部出现机会主义行为，并帮助企业减少代理成本。除此之外，市场也可以了解企业的状况，积极应对企业的行为。高质量审计能够使得企业的盈余信息含量上升，代理成本减少。然而，李明辉（2006）在研究过程中分析了我国的 IPO 公司数据，得到的研究结论是第一大股东持股比例和审计师选择的关系确实是正向的，但是显著性较低。周中胜和陈汉文（2006）分析的主要样本是2000—2002年深沪两市的上市公司，通过研究这些公司的数据，分析外部审计发挥的监督作用。得到的研究结论是大股东资金占用的比率高低和雇佣高质量审计公司呈现反比例关系。也就是说，如果公司大股东占用资金的比例较高，那么，企业内部没有高质量审计方面的需求。娄权（2006）在分析过程中引入了委托代理理论，研究的主要样本是2002年深圳484家上市企业，分析的主要内容是这些企业大股东控制的审计师选择情况，得到的结论是第一大股东持股比例的高低和聘请国际四大会计师事务所的动机高低呈现反比的关系。如果能够建立审计委员会，那么，大股东对审计师选择偏好也会受到一定程度上的影响。假如第一大股东属于外资股，那么选择国际四大会计师事务所的概率就比较高，主要目的就是为了减少代理成本。除此之外，孙铮和曹宇（2004）、张奇峰、张鸣和王俊秋（2006）分别在这方面进行了分析，他们提出，在国有以及非国有控股企业中，高质量审计方面的需求非常匮乏。陈俊、陈汉文等（2010）分析的主要对象是1998—2004年期间国内沪深A股IPO市场，得到的研究结论是股东和经理人的代理冲突确实能够促使审计质量需求的提高。然而，因为有效市场约束机制的影响，所以该代理冲突对高质量审计的需求并不是非常突出。陈德球、叶陈刚和李楠（2011）分析的主要对象是我国家族上市公司，得到的最终结论是控制权和现金流权分离程度高低和审计需求高低呈现反比例关系。

从审计费用这个角度来看，聘请注册会计师事务所的主要部门来自管理层，同时其还要决定费用，这种情况导致上市公司就会在一定程度上制衡会计师提出的审计意见。如果大股东占用了企业的资金，那么，事务所出具的审计报告可能就是不真实的。王铁萍、田云玲、姜豪杰（2007）在分析过程中使用了logistic多元回归方法，而且还建立了2个考察变量，引入了11个控制变量，对相关假设进行了论证，得到的结论是上市公司大股东资金占用和审计质量具有反比例关系。周兰、黄欣泞、滕丽（2012）研究过程中涉及的变量是大股东资金占用，他们分析了审计在代理冲突方面发挥的作用和效果。得到的研究结论是大股东非经营性资金占用的严重程度和被出具非标准审计意见的可能性呈现正比例关系。如果企业被出具了非标准审计意见，那么在未来的发展过程中，大股东占用资金数量有可能会降低。审计确实能够对大股东资金占用这一行为产生一定的约束作用。

Mitra等（2007）研究发现，股权集中度是决定审计费用的关键因素，审计费用越高表明企业具有更强的高质量外部审计需求的动机。但是，结合我国的情况来看，在股权集中度比较高的情况下，大股东侵占小股东利益的行为会更加严重，其严重程度明显超过了股东和管理层的代理冲突。在国内外学者的研究中，有关股权集中度和审计费用的关系这一问题，得出的结论不是一致的，主要包括三种关系：非线性关系、线性正相关和线性负相关。国内外学者关于股权集中与审计费用关系的代表性研究成果归纳如表2－5。

表 2－5　关于股权集中与审计费用关系研究的代表性成果

关系	研究年限	代表学者	研究结论
线性正相关	2007	李连军等	企业会更加倾向于选择国际四大会计师事务所，而其收费明显更高。
	2008	Hay 等	在一个企业中，如果单一股东持股比例超过了20%，那么，控股权和审计费用之间是具有正相关性的。
	2008	陈汉文等	如果企业内部的第一大股东持股比例不断上升，那么，企业的高质量外部审计需求动机也会随之增加。
	2009	王烨	以股权控制链角度为切入点，通过分析提出，如果大股东和中小股东之间存在非常严重的代理冲突，那么，企业选择国际四大会计师事务所的动机也就更高。
线性负相关	2017	邱金平等	在考虑了公司规模因素后，股权集中度与审计费用的关系由显著正相关变成显著负相关。
非线性关系	2005	曾颖等	第一大股东持股比例和公司对高质量外部审计需求之间的关系呈现一个倒 U 形。
	2007 2009	蔡吉甫 郭梦岚等	股权集中度和审计费用之间的关系呈现一个正 U 形。
	2015	邱金平等	第一大股东持股比例、前五大股东持股比例的平方和与公司对国际四大会计师事务所需求之间具有非常突出的非线性关系。
	2018	陈书亚	股权集中度与审计费用存在显著正相关关系。从产权性质来看，对国有上市公司而言，股权集中度与审计收费呈显著正相关关系，而对非国有上市公司而言，股权集中度与审计收费呈显著负相关关系。

第三章
理论基础与制度环境

1 理论前提

1.1 代理理论

1.1.1 代理成本理论

早在 20 世纪 30 年代，Berle 和 Means（1932）就指出，随着股份有限公司的出现，由于公司的所有权高度分散在众多的小股东手中，没有一个小股东愿意参与公司管理，所以经营权与所有权彻底分开。除此以外，企业规模不断扩大之后，尤其是产生跨国经营企业，企业自身对管理人员的要求不断提高。在这样的情况下，企业经营管理的过程中，股东是没有权利直接参与的，企业往往会选择那些经验更加丰富的职业经理人，通过他们来管理企业，避免了股东掌握企业的实际管理权。然而职业经理人与公司股东之间目标收益函数不同，职业经理人不可能从股东收益最大化角度出发经营管理公司，于是委托人为了保证自己财产的安全与完整，就需要对代理人的行动进行监督，监督所花费的费用就是所谓的代理成本。一般可包括三个部分：委托人在监督过程中所花费的时间和精力、代理人在履职过程中所花费的时间和精力以及因决策不当发生的损失。

当所有权在所有的股东间高度分散时，两权分离的程度越大，委托人所承担的风险也就越大。因为此时委托人不仅要承担在监督过程中所花费的一切费用，而且由于代理人的决策失误所造成的损失，最终也必须由委托人承担。另外，委托代理的链条长短、层级多寡、范围大小，也都会直接影响委托人与代理人之间的签约费用。极端的情况则是，如果这个代理成本大到一定程度，将没有一个委托人愿意监管，从而造成"内部人控制"。因此，高度集中的所有权结构，可能是降低代理成本的一种有效途径。受代理成本理论的影响，公司治理理论认为，大股东是控制公司代理问题的一种有效方式，当大股东的持股比例达到不受其他股东制约时，大股东有动机对公司管理者进行监督。

1.1.2　委托代理理论

委托代理关系其实属于一种契约关系。代理人受到委托人的委托，按照委托人提出来的规定和要求做出一些行为，与此同时，代理人也会从委托人那里获得相应的权利进行决策。无论是委托人还是代理人，都会通过契约将他们的权责明确地记录下来。该理论的基础在于以下四个假设：第一个假设，委托人和代理人之间存在信息不对称的情况。假如不存在该情况，代理人就不敢说话，也不敢偷懒。第二个假设，双方发生利益冲突。否则，也不需要通过契约的方式，对当事人的行为进行约束。第三个假设，契约必须能够得以执行。也就是说，当事双方均按照契约的规定，行使各自权利与义务。其履约的结果，不仅能够被第三方证实，而且能被第三方强制执行。第四个假设，委托人利益最大化。之所以要签订协议，其主要目的就是为了保障委托人的最大利益。

就大部分公司运营情况来看，股东往往拥有所有权，管理人员拥有经营权。管理人员是由股东聘请的。所以，双方之间就形成了委托代理关系。为了促进公司的运转，公司很有必要选拔综合能力很强的职业经理人，以此来维护股东的利益，同时实现公司的最大价值。在公司的运转中，职业经理拥有管理权，其拥有的信息也多于股东。

股权结构是现代公司治理机制的重要构成部分，影响股东行为。在股权分散情况下，任何单一的股东都无法凭借自身的力量独自对管理层施加影响。股东属于弱势群体，他们自身没有足够的能力去监管经理人，只能使用"搭便车"的方式，这样就会导致公司中出现"内部人"。在股权集中时，大股东通过监督管理者便可以获得更多的收益，因此股权集中在一定程度上可以解决"搭便车"问题。大股东可通过两种方式影响管理层：一是直接影响，通过召开股东大会，用投票的方式支持或反对管理者的经营方案。当大股东拥有绝对控股地位就能够完全控制股东大会，进而控制董事会的多数席位，可以直接控制或更换管理层；或是"用脚投票"的方式直接离开这家公司。二是通过间接影响的方式。股东与管理者相比，缺乏专业知识来监督管理者，需要外部中介机构、法律体系、证监会等共同作用监督管理者的行为。当公司股权高度集中时，股东可以实现直接监督管理层的目的。在股权相对集中的情况下，大股东和管理者谁能够获得控制权，谁就会表现得更加强势。但是在监督管理者和大股东问题上，中小股东相对弱势，他们依旧会采取"搭便车"行为。就双方的关系而言，所有股东的利益方向是完全相同的。然而，事实上，大股东为了获得更多的收益，他们也会采取各种各样的方式侵害中小股东的合法权益。

1.2　信息不对称理论

就传统经济理论的观点来看，在市场运作过程中，对于所有的经济主体来说，他们都应该拥有所有的信息，以此来帮助他们做出最合适的决策。但是，因为认知方面的缺陷，人们无法得到全面的信息，这样就造成不完全信息市场的情况出现。这种情况造成不同的经济主体对于市场环境的认知是有一定的差距的，同时也导致市场信息无法有效传递。在不完全信息中，一个非常突出的表现就在于信息不对称，这种情况也是非常普遍的，具体表现包括：双方信息分布不平衡，在交易过程中，其中某一方的信息量往往更多。通常情况下，可以从以下两个角度来划分信息不对称的类型：首先，从时间角度而言，划分成两种类型，一种是事前信息不对称，另一种是事后信息不对称。其次，从内容角度而言，也可以划分成两种类型，一种是某些参与人的行为，另一种是某些参与人的知识。

1.2.1　逆向选择

有一方因为自身的信息量非常充足而得到额外利益，最终造成市场分配不合理，这就叫作逆向选择。对于逆向选择问题的研究始于 Akerlof（1970）对二手车市场上存在的"坏车驱逐好车"（bad cars drive out the good）现象的解释。在二手车市场上，就二手车的质量而言，卖方的信息量更大也更加真实，所以买方无法准确地进行辨认。双方关于汽车质量的信息不对称，使得卖方趁机对坏车与好车制定相同的价格，获取超额收益。买方由于无法了解每一辆车的质量，只愿意付出相当于二手车平均质量的价格。这样，那些质量较高的卖主觉得无利可图，就会渐渐退出市场。最终导致二手车市场的衰退甚至消亡。

与此类似，证券市场上也存在逆向选择问题，主要表现形式有以下两种：第一种是经营者与投资者之间的信息不对称，经营者掌握着更多的关于公司成长价值的信息，夸大公司价值的动机是很可能存在的，所以从投资者角度来看，在投资的过程中，就会遇到很多风险；第二种是知情投资者和不知情投资者双方之间。相对于不知情投资者，知情投资者的信息量更加丰富，而且他们很可能会使用自身所掌握的信息优势来交易，使得自身的利益最大化，但是这样导致不知情投资者面对较高的风险性（王华和张程睿，2005）。

该行为给证券市场带来的危害包括以下三点：第一，如果投资者信息不够充分，而且认为自身参与交易也不会带来预期的利益，他们就会主动选择离开，最终造成市场衰败。第二，投资者无法区分好企业和差企业，使得好企业的价值被低估，出现"劣币驱逐良币"的现象。第三，管理者故意对一些不良的信息进行隐瞒，造成投资者无法全方位掌握企业的情况，从而使得低水平管理者往往不会被市场淘汰，而这种情况会导致经理人的工作受到严重的负面影响，结果造成管理人员平均水平的下滑。以上三方面的问题得不到解决，都将影响资本市场的资源配置效率提高，并最终导致市场衰退甚至消亡。

1.2.2 道德风险

Arrow（1963）是首次提出道德风险这一概念的。其在分析医疗服务市场的过程中得知，相对于患者来说，医生的知识更加丰富，而这种不对称的情况很可能被医生利用，从而获得大量的经济效益。另外，在保险市场上也普遍存在道德风险问题。例如，受益人在购买了某项财产保险后，就开始忽视财产安全问题，放弃原有的安全保护措施，更有甚者为了获取高额保费而故意造成财产损失。总而言之，信息不够充分的一方因为不能准确地对信息优势方的行为进行一定的预测和了解，信息优势方实施机会主义行为给自身带来更多的经济效益，这就叫作道德风险。

在资本市场运作的过程中，企业内部工作者因为利用自身的信息优势而导致外部投资者的合法权益被侵占，这就是道德风险的主要表现。因为所有权和经营权相互分离，内部人掌握着控制权和管理权，而且相关信息以及行为情况都无法被外部投资者知悉，这也给内部人提供了一定的机会，他们使用自己的信息优势导致外部投资者利益被侵占。道德风险往往会造成以下两方面的代理问题：首先，管理者和外部股东的代理冲突。其次，大股东和中小股东的代理冲突。就前者而言，具体表现为 Berle 和 Means（1932）在其分析中提出的股权高度分散的公司中。就单个股东来说，在对管理者进行监督的过程中，因为所付出的成本太高，所以就出现了各种各样的"搭便车"

行为，这种行为会造成股东控制权越来越弱，无法直接观察并了解管理者的努力状况。从管理者角度来看，他们很可能为了自身的利益而损害股东利益。对于后者来说，往往出现在股权集中度比较高的企业中。通常情况下，大股东的行为往往会被视为解决问题所采用的方式。然而，因为控制权过于集中，大股东掌握着企业的实权，所以在利益的影响下，大股东很容易侵占企业的利益，也很容易侵占中小股东的利益。之所以会出现股权股东代理问题，最为关键的因素在于现金流权和控制权分离。大股东通过金字塔结构、交叉持股结构和二元股份结构等，使分离后其拥有的控制权大于其拥有的现金流权。对于大股东而言，他们能够通过很少的现金流权而得到更多的资本，从而在企业所有的重大决策中拥有控制权，拥有了这一权利之后，他们就能够使用各种各样的方式，包括违法的方式对企业财产进行转移，为自身获取更多的利益。

道德风险以及相应的代理问题可能给资本市场带来危害。一方面，资本被公司内部人侵占的风险会促使投资者减少投资甚至退出市场。另一方面，由于财务会计信息通常被企业契约用来衡量管理者的工作成果，并成为支付管理者报酬的依据，管理者希望自己的利益能够更高，所以就会产生隐瞒企业财务会计信息或者操纵财务会计信息的动机，最终造成市场信息透明度严重下滑，导致市场运转受到影响（Bertrand et al.，2002）。

1.3 投资者保护理论

之所以要对投资者进行保护，其根源在于因委托代理关系产生的公司利益各方的矛盾冲突，最早的相关研究是在公司治理框架下逐步展开的。Grossman 和 Hart（1988a）以及 Hart（1995）以契约理论为基础，提出了控制权和实际剩余控制权分析框架，他们认为，投资者取得收益的基础是其拥有的权利，外部投资者应该主动寻求保护自身权利的方式。后来的研究都开始从法律以及制度等角度来分析如何保护投资者的权益。最为典型的就是以 LLSV 为代表的法金融学派明确提出，在国家资本市场发展过程中，影响其发展的主要因素在于法律，这也是决定性因素，该因素导致不同国家的企业拥有不同的治理结构，造成不同国家的资本市场监管模式也各不相同。结合上述研究成果，有关投资者保护的理论类型包括契约论和法律论。

1.3.1 契约论

哈耶克（1954）最早指出，一国政府制定市场法律法规是不必要的，只要市场交易双方之间订立交易契约，市场经济就可以在交易成本最小化的状态下运行。科斯（1960）与斯蒂格勒（1964）指出，达到帕累托最优的政府就是无须制定任何法律法规的政府，因此政府无须专门立法来保护中小股东的权益，因为在证券市场的交易过程中，交易双方都是完全理性的。股票发行者也可能会出现披露真实信息的动机，这样做的目的就是为了提高股价，也是为了防止因为欺骗和误导中小股东而导致的惩罚。作为市场参与主体，投资者将会及时收集、分析他们所购买股票的各种相关信息。为了规避证券欺诈与内幕交易，投资者一般会选择具有较强资金实力与较好声誉的公司股票进行投资。如哈耶克（1954）提出的，没有必要必须制定国家法律，私人之间签署契约即可，这样就能够推动市场经济的发展。政府的主要职能在于确保契约被贯彻落实。

这些理论观点都是以市场契约完备为分析前提的。如果市场契约是完备的，社会完全可以基于契约运作，只要社会中的个人与他人、其他组织订立契约，就足以维护社会的正常秩序。对于个体来说，财产是属于他们自己的，所以他们有动机制定契约。但是 Grossman 和 Hart（1988）认为，由于个人实际上是有限理性的、信息的不对称性以及外在环境不确定性的存在，就使得现实经济交易中存在不完全契约，因而需要设计各种机制来应对契约的不完全问题。

契约理论提出，如果契约非常合理，而且监督执行的司法体系也是非常科学完善的，在这样的情况下，对于投资者和企业来说，如果签订契约，那么投资者的权益就可以得到一定的维护。也就是说，采取非法律的途径和渠道同样可以维护中小股东的合法权益。投资者保护机制一般情况下包括以下几方面的内容：①政府干预。在一个企业中，如果股东利益被侵害，而法律并没有对这种行为进行惩罚，在这样的情况下，政府就会发挥作用。比如采取强迫企业停业等措施（Johnson，2000）。②集中的所有权结构。如果企业内部的投资者所有权非常的集中，那么也可以在一定程度上合理地约束管理层。其理论思想在于：在监督管理层的过程中，监督者承担股东的这部分成本，而由此得到的收益也是所有股东共同享有的。所以，对管理层的监督除了具有非排斥性特征外，同时也具有非竞争性的特点。如果一个企业股权分散程度过高，那么从中小股东角度来看，通过监督得到的收益甚至不会等同于其成本，所以他们的监督动机是比较弱的，动力也比较低。除此之外，从法律角度来看，中小股东具有"以脚投票"的自由。在企业中，如果股权集中度不断上升，达到了某个比例之后，就会出现大股东，他们对管理层进行监管所产生的收益很可能大于成本，所以他们的积极性就会上升。随着公司股权的高度集中，出现了大股东，能够解决因股权高度分散而产生的众多中小股东在公司治理中的"搭便车"问题。总而言之，对于管理层来说，集中度比较高的外部投资者所有权确实能够对其产生一定的约束作用，从而使得中小股东的合法权益得到有效维护。③从整体上维护企业的声誉。在企业内部，如果管理层能够发挥自身的作用，切实维护股东的合法权益，那么企业的形象也会有所改善，外部融资能力就会随之上升。一个打算长期经营的公司惮于滥用股东的投资资金，因为"滥用"一旦被发现，公司会失去信誉，很难再获得投资资金，公司的管理层也很可能被解雇。但是，假如企业家自身的综合素养非常好，信用记录良好，那么项目融资水平也会得到上升，最终使得企业价值得以增长。Dimond（1991）将其叫作"声誉资本"的投资。④产品市场竞争。在解决所有者和管理者之间的委托代理问题过程中，产品市场竞争是一个非常重要的方式。在完全竞争的市场背景下，从投资的角度来看，全部信息都是公开的，交易双方的信息也是相互对称的。产品市场的竞争将会使管理层以利润最大化为目标经营公司。产品市场竞争能够抑制管理者的偷懒行为并提升管理层激励的水平，有力抑制管理层的机会主义行为，从而减少代理成本、提高公司绩效（Hart，1983；Hermalin，1992）。

1.3.2　法律论

支持法律论的学者们提出，私人企业也可能导致投资者权益被侵害，所以有必要完善相应的法律制度。LLSV（1998，1999）提出，从法律角度为出发点来维护投资者权益是非常重要的，在不同的国家中，投资者保护水平具有差异性，其中最重要的标准就是法律保护。如果能够优化健全相关法律，那么投资者保护水平就会上升，使得企业的融资能力得以提高，投资者的信心也会大幅度增强，最终使得资源配置效率得到改善（LLSV，1999）。

支持法律论的学者们还提出，法律论提出的替代法律保护投资者的相关机制也并不是全部都会发挥预期效果。要发挥政府的干预作用，前提条件是政府必须公正公开而且廉洁有效，而决定其是否廉洁有效的主要因素就是法律。LLSV（1999）提出，首先，在大陆法系国家，政府的腐败程度整体上依然处于较高水平，办事效率非常差。政府在经济危机时更倾向于保护企业家而牺牲投资者。其次，在所有权高度集中的公司中，大股东不仅具有监督管理者的动机，还具有侵害小股东利益的动机。再次，公司的声誉机制也不可靠。只有在经济前景看好的情况下，公司才有维护自身声誉的动力；当经济前景黯淡时，声誉机制不足以保证投资者利益不受侵害。最后，交叉上市制度虽然有效，但是其适用范围较小，因为能在国外获得上市资格的公司毕竟只是少数，因此交叉上市不可能替代法律的变革。

理论分析的主要内容在于投资者保护市场机制的建立。但是，法律论分析的主要内容是保护投资者的法律系统。上述两种理论在现实中并不是相互排斥的，而是相互补充、相互作用、相互牵制的。市场机制、法律系统和政府监管在不同国家的证券市场上都发挥着投资者保护的作用。三者都不能单独决定投资者保护的水平，因为它们都存在不完备性，只有相互结合，才能实现保护投资者利益的目的。首先，有效的市场机制是法律体系和政府监管有效发挥作用的基础。其次，法律体系有助于降低市场运行的交易成本，同时法律体系的不完备性为政府监管发挥作用创造了条件。再次，政府监管只能在法律体系不完备的一定区间内发挥互补作用，当法律体系的不完备性超出特定的区间，政府监管的有效性也会随之丧失。只有当这三个标准的投资者保护制度之间能够相互补充、协调作用时，才能有效地控制证券市场参与各方的行为，以恰当的社会成本保护投资者的合法权益，从而实现证券市场的良性发展。

2　相关概念界定

2.1　公司治理

2.1.1　公司治理的内涵

公司治理可以分为公司内部治理与外部治理。公司使用自己的自有资金发挥相关权力机构的作用，对企业进行科学合理的管理和监督，从而实现预期的目标，这就叫作内部治理。致力打造更优质的外部竞争环境，从制度角度来支持企业的生产经营，保障内部所有的权力机构都能够在一定的规章制度下运行，发挥自身的作用和职能，达到效益最大化的目标，这就是公司外部治理。

2.1.2　公司治理的外延

在内部治理中，其外延主要涉及多元化的内部治理机制，如股权结构、董事会等。第一，所有权结构是股权结构的一个别称，其含义指的就是哪些人拥有企业。第二，董事会的产生来自股东大会的选举，董事会的主要职能在于以企业的身份来行使法人财产权。在外部治理中，其外延主要体现在多元化的外部治理机制，如信息披露制度、证券市场法律制度等。在一个国家中，立法机构为了使证券市场的所有交易更加有序且合理，保障证券公司以及相关机构更加有序规范，制定所有适用于证券市场的法律制度。因为信息不对称的影响，企业希望能够强化对内部的监督管理力度，切实维护中小股东的合法权益，要求内部人要根据有关规定和制度及时披露相关信息，为投资人的决策提供一定的保障，在此基础上制定的制度被称为信息披露制度。证券监管涉及的主要对象包括证券经营机构、上市公司等。

2.2 控股大股东与中小股东

2.2.1 控股大股东

随着社会发展，在不同的国家中，对于控股股东的理解存在很大的差异。

美国法律协会（ALI）在起草的《公司治理原则：分析与建议》中从以下两个角度分析了控股股东的含义：一个是形式，另一个是实质。第一，在一个企业中，掌握其一半以上的表决权的流通股份者就叫作控股股东。第二，借助股东的地位，再加上企业自身所做的决策和交易能够行使支配性影响力的都叫作控股股东。对于一个企业而言，通过持股的方式可以对其他企业产生控制性影响，无论这种影响是直接的还是间接的，该企业都叫属于控股股东。从《日本商法典》角度来看，主要标准在于资本数量控制方面。在1976年，巴西颁布了《企业集团法》，其中有一条明确提出，法人、自然人以及通过表决权协议或者是受共同控制人的联合就叫作控股股东。

在1997年，我国证监会颁布了《上市公司章程指引》，结合其中第四十一条的内容来看，凡是满足以下其中一个条件的都属于控股股东：①此人单独或与他人一致行动时，可以选出50％以上的董事；②此人单独或与他人一致行动时，可以行使30％的表决权或可以控制30％以上表决权的行使；③此人单独或与他人一致行动时，持有公司30％以上的股份；④此人单独或与他人一致行动时，可以以其他方式实际控制公司。

综上所述，在不同的国家中，认定标准虽然有所差异，但是都离不开形式标准和实质标准。从学理上来看，界定控股股东的实施标准非常容易，然而量化难度却非常大。考虑到《上市公司章程指引》第四十一条第四项的规定，再考虑相关学者的研究结论，在这次分析中，本书使用的认定标准只有一个，即第一大股东持股比例达到30％或者超过30％，那么，就说明该企业存在控股股东。

2.2.2　中小股东

就这一概念的界定而言，本书结合我国上市公司股权结构的主要特征提出，在上市公司内部，除了机构投资者以外的流通股东都叫作中小股东。他们并没有掌握太多的股权，所以也不会影响企业的重要决策。

2.2.3　中小股东权益

目前，学术界主要存在两种观点来解释股东权益的含义：第一，以股东自身的资格为基础，能够从企业得到经济效益，同时又能够参加企业管理，这样的权利就叫作股东权益。第二，股东能够在企业内部行使的所有权力都叫作股东权益。显然，前者尽管是狭义上的股东权益观点，但却突出了股东权益的实质，因此在实际中被广泛应用；而后者尽管是广义上的股东权益概念，但由于过于宽泛而没有抓住股东实质，难以被广泛应用。因此，本书采用了前一种观点。相应地，中小股东权益指上市公司除机构投资者外的流通股东基于其股东资格而享有的从公司获取经济利益，并且参与公司经营管理的权利。从这种狭义的观点为切入点，同时考虑行使权力的最终目标，学术界认为，中小股东权益的具体内容包括两方面，一方面是公益权，另外一方面是自益权。

（1）共益权。在企业内部的决策、管理等各个环节中，股东都有权利参加，这一系列权利为共益权，股东行使这些权利不仅是为了实现自身的利益目标，而且也是为了实现整个企业的利益目标。该权利是由各种各样的权利共同组成的，如提案权、知情权、表决权、累计投票权、质询权等。尽管理论上我国中小股东被赋予上述共益权，但实际上由于"一股独大"的股权结构特点，中小股东往往无法真正行使上述权力。以我国的上市公司为例，参加股东大会的时候，中小企业往往需要付出很高的成本，但是却并不能获得较高的收益。所以，中小企业如果要行使股东表决权，一般情况下都会委托他人，也可能直接弃权。再如，董事、监事和清算人选任权，董事、监事和清算人解任请求权实际上均被掌握在大股东手中。因此，考察共益权必须结合我国上市公司的实际状况。

（2）自益权。股东自己为了让企业获得相应的收益，它们所行使的一定的权力就叫作自益权。这部分权力也是由各种各样的权利共同构成的，如新股认购优先权、股份转让权以及剩余财产分配请求权等。就我国的实际状况来看，在企业中，并不是中小股东就能够完全拥有这样的权力。具有代表性的就是股利分配请求权，按照我国的法律规定来看，如果上市公司达到了分红的要求，那么要向股东支付相应的股利，然而由于大股东的影响，很多股东并没有真正享有这种权力。显然，中小股东权益既有股东权益的共性，又有中小股东的特性，必须结合我国公司治理实践具体分析。

2.3　股权结构与大股东

股权结构（ownership structure），是指不同类别的股东按其持股数量在公司总股本中的分布情况。通常包含以下四层含义：第一，所发行的股票类别。上市公司发行的股票一般都是普通股，但也有公司在普通股之外，还发行优先股。第二，从持股主体的身份角度来进行划分，通常有两种类型，一种是个人持股，另外一种是机构持股。我国上市公司的股份由国有股、法人股、社会公众股和内部职工股构成。第三，是指股权的分布状态，一般可分为集中型结构与分散型结构两类。第四，公司股权集中度。

LLSV（1992）等曾经研究了上市公司的所有权结构，得到的结论是，在不同的国家中，控股股东主体类型和所有权分布状况之间的差异性是非常突出的。他们认为，最终控制人对上市公司的所有权为最终控制权，最终控制人就是终极控股大股东。

LLSV 提出的终极控制人概念，是指在金字塔式的企业集团中位于最顶层的最终控制者，既可以是个人，也可以是公司。就国泰君安股份有限公司数据库的分类情况来看，以终极控股股东身份为切入点，具体有两种类型：一种是国有终极控股股东，如中央国资委、地级政府等。另外一种是非国有终极控股股东，如民营企业的大股东。前者的主要特征包括两方面：第一，从控制链条角度来看，其他所有的机构和个人都没有权利控制他们。第二，与其他所有的股东进行对比，这些股东的直接和间接控股权之和都小于终极控股股东对企业的控制权。

2.4　大股东代理问题

根据现代公司治理理论来看，在公司治理过程中，逻辑起点在于股权结构。不同公司的所有权结构是有所差异的，所以治理问题也各不相同，治理模式也是如此。结合之前的研究情况来看，在初级阶段，大部分学者分析了股权分散度过高所造成的管理者和外部股东的代理问题。近年，公司情况发生了变化，在大部分国家中，企业股权结构变得越来越集中，分散度有所降低。而且，大股东往往掌握了真正的股权，也有能力控制整个公司，甚至通过控股权来为自己谋取更高的利益。所以，在当代社会中，企业内部的关键问题在于大股东和中小股东的利益冲突。

2.4.1　大股东侵占行为与中小股东权益保护

在企业内部，因为股权结构分散程度过高，所以管理层机会主义行为变得越来越普遍。根据国内外学者的研究结果来看，除了英美等部分国家之外，东亚国家（LLSV，1998；Claessens，Djankow and Lang，2000）、西欧国家（Faccio and Lang，2002）、中东欧转轨经济国家（Berglof and Pajuste，2002）的企业或多或少存在股权集中的情况。也就是说，企业的大量股份掌握在大股东手中，而这些股东也掌握了企业的实际控制权，导致很多中小股东受到了大股东的压榨，他们没有机会参与公司决策。如果大股东的决策出现不良后果，他们还要承担后果。也就是说，中小股东的权力和他们的财产是相互脱节的。这种情况造成大股东与中小股东之间出现了隐性契约。大股东必须考虑中小股东的权益，以此为基础，科学地使用自己的权力，加强监督管理层的行为，从而减少股东和管理层之间的冲突和分歧，使得公司的价值得以上升，维护所有股东的权益，最终达到协同效应（alignment effect）（Jensen and Meckling，1976；Shleifer and Vishny，1986）。

但是，因为小股东的股份比较少，大股东的股份比较多，所以他们就会使用各种各样的方式管控管理层的行为，比如交叉持股等，这种情况最终造成控制权和现金流权相互分离。大股东为了给自身带来更多利益，往往不惜一切代价损害中小股东权益。但是，他们不负责的行为最终造成的结果需要由所有的股东承担。所以，和大股东自身所持有的股份比例对应的控制权所得到的公共收益进行对比，如果控制权私人收益更高，那么大股东就会不顾企业制定的所有制度和标准，滥用自己的权力，采取各种各样的不正当行为，这种现象被称为壕沟防御效应。大股东的控制权高低和他们自身对公司重要决策的发言权高低成正比，如果他们的控制权比较高，他们也就会想方设法地压榨控制中小股东。现金流量权越低，那么就说明大股东能够得到的剩余索取权比例越低，就无法获得大量的收益分配。在这样的情况下，大股东就会通过很小的成本来决定企业内部的各项重要决策，充分发挥企业内部的资源，为自己获得更多的收益，最终导致其自身和中小股东之间出现代理冲突。总而言之，之所以会出现代理问题，根本原因就是现金流权和控制权相互分离。如果现金流权和控制权不一致，而且前者大于后者，那么大股东就得到了超额控制权，他们就会把企业的资源向外转移，导致中小股东的利益被损害（Claessnes，Djankow and Langa，2000；Gonon and Schmid，2000；Faccio and Lang，2002；Bertr，Mehta and Mullathan，2002）。综上所述，上述提到的行为导致中小股东的权益受到了侵害，造成企业价值严重下降，那么采取合理的措施和方法控制这些行为具有非常重要的意义。

2.4.2 大股东掏空行为手段

（1）直接占用上市公司资金。直接占用企业资产的这种手段最为直接，而且大股东从中可以获得最多的利益。因此，大股东侵占企业资产多采用这种手段。比如，企业正常的资金募集决策需要通过股东大会甚至董事会的决议，但是大股东若以最终侵占企业资产为目的而募集资金时，则会违背公司章程和内部控制制度随意募集资金，直接将所募集来的资金划入个人账户或者其关联方账户。甚至有一些上市公司股东以个人名义向公司借巨额款项拖欠不还，造成资产的侵占，最终使得公司资金周转困难，难以持续经营。当前，虽然随着我国经济市场不断进步，市场机制不断完善，多项针对大股东非法占用资金的政策和法规已经出台，非法占用行为逐渐减少，但仍然存在一系列隐蔽的非法占用行为，而且由于大股东与中小股东获取信息的及时性存在差距，最终必然会对中小股东的利益造成侵害，甚至会影响上市公司资金的正常周转。

（2）通过违规担保"掏空"上市公司。担保行为一般指保证、抵押和质押。企业若想为其子公司或者关联公司进行担保，必须根据法律法规和公司章程的规定通过股东大会甚至董事会的决议，同时这些程序也是公司内部控制中重要的一项流程。违规担保主要指的是上市公司进行了未经过决议的担保事项，这类事项一定是对企业而言具有重大风险的，而且出现违规的担保行为，也说明该公司股东没有遵循相关规定，造成内部控制失效，也增加了公司的经营风险。一般情况下，大股东都会使用这种方式，以此来对外担保，假如上市公司无法赔偿大股东的追讨，那么大股东侵占公司资金的目标就实现了。

（3）通过关联交易"掏空"上市公司。大股东和子公司以及有关主体之间的交易就叫作关联交易。其会影响整个公司，具体表现有两点：正面影响体现在关联方之间可以利用这种关系互相节约成本，提高交易效率。反面影响则体现在关联方之间可能会通过非公允的价格和竞争条件进行交易，从而侵犯部分股东的权力。大股东掏空行为手段中的关联交易行为主要就是以这种非公允关联交易形式进行，利用关联方之间的便利实现赊销，从而侵占公司资产；或者以非公允的交易价格将上市公司的利益转到自己手中，从而侵占中小股东的利益。

2.4.3 股权分置改革后，大股东侵占方式更加隐蔽

从分析探索大股东掏空行为方式选择角度来看，在我国资本市场中，掏空行为主要方式包括以下三种：第一，现金股利；第二，关联交易；第三，资金占用。从关联交易方式的研究情况来看，Jian 和 Wong（2004）研究过程中参考了我国原材料行业上市公司的相关资料，他们得到的结论是，在转移资源过程中，大股东往往会使用贸易的方式，而且市场上认为关联借贷行为属于大股东的利益侵占。余明桂和夏新平（2004）分析之后得到的结论是，如果企业内部存在大股东，那么与没有大股东的企业进行对比，前者出现关联交易的概率明显更高。佟岩和王化成（2007）也在研究中提出，为了获得更多的私人收益，大股东往往会采取关联交易。从资金占用这个角度的研究来看，李增泉、孙铮和王志伟（2004）研究的主要对象是我国的 A 股上市公司，结合这些企业的相关资料和信息进行分析，得到的研究结论是，大股东占用的上市公司资金与第一大股东持股比例这两者之间的关系属于非线性关系，而且整体趋势是先升后降。岳衡（2006）得到的研究结论是，在一个企业中，大股东占用资金的多少和被出具非标准审计意见的概率高低呈现正比例关系。从现金股利研究角度来看，刘峰和贺建刚（2004）在分析过程中结合实际案例提出，大股东侵占中小股东权益的一个重要方式就是超额派现行为。黄娟娟和沈艺峰（2007）提出，如果一个企业的股权集中度非常高，那么之所以会实行股利政策，一个非常重要的原因就是为了迎合大股东侵占中小股东权益的动机。唐跃军、谢仍明（2006）指出，企业的非流通股股东持股比例和派发现金股利之间确实存在显著关系，具体表现为正 U 形曲线关系。

我国在 2007 年正式完成了股权分置改革。在上市公司中，股权被人为划分为流通股和非流通股两个部分。后者无法上市流通，所以后者和股价波动不存在联系，对于非流通股股东来说，无论股价如何，他们也不会受到直接影响。流通股股东，由于大多是中小投资者，属于证券市场上的散户，所以流通股股东更直接关心股价的任何变化。这两个部分所对应的股东获利方式是有所差异的，所以双方的行为偏好也各不相同。非流通股不具有流通性，无论股价如何变化，非流通股都不会受到影响，所以其对应的股东更加关注账面资产。因此，大股东此时更倾向于采取非公允关联交易、非法直接占用上市公司资金、为大股东提供担保、超额分派现金股利等直接的、赤裸

裸的、非理性的利益侵占行为。

改革股权分置使得我国证券市场上存在的股权"二元"结构被消除，之前无法流通的非流通股也能够流通了。实现全流通后，大股东的获利基础发生了变化，导致其行为模式也发生变化。从全流通前大股东只进行利益输送的单一模式，发展为全流通后在资本利得和利益输送之间进行权衡的双重模式。实现全流通后，大股东和中小股东的股权也变得一致了。双方都能够通过了解股票价格得到相应的收益，但是如果股价下降，他们也要承担相应的风险。因此，全流通后大股东和中小股东就有了共同的价值取向，所有股东都必须共同关注公司的生产经营状况如何。受到股票价格的影响，决定企业发展的主要因素在于其自身的核心竞争能力以及可持续增长能力。因此，如果大股东继续采取直接占用上市公司资金等赤裸裸的利益侵占行为，必然会导致上市公司的经营业绩下滑、财务估值指标下降，导致公司股价下降，最终使大股东遭遇不可避免的损失。因此，实现全流通后，大股东直接"掏空"上市公司资源的行为逐渐减少。

虽然大股东在全流通条件下，采取直接"掏空"公司资源和利益的行为有所收敛，但这并不意味着在全流通条件下大股东的掏空行为就能得到根本解决。实际上，全流通仅仅是消除了证券市场上人为设置的"樊篱"，并没有解决大股东与中小股东之间的根本代理问题。在一个企业中，大部分股份依然掌握在大股东手中，也就是说，依然存在"一股独大"的情况，并且大股东掏空行为的隐蔽性变得越来越强，导致维护中小股东利益的难度越来越大。大股东的掏空行为方式与路径较以往有所改变，形式更加多样和隐蔽。常见的非法侵占的手段和方式，举例如下。

（1）大股东在IPO阶段造假上市。首次公开发行的股票简称就是IPO。由于我国新兴加转轨的制度特点，一部分大股东把我国证券市场当作没有任何成本的"提款机"。因此，在上市之前，千方百计造假以达到上市的目的。在上市以后，业绩则迅速"变脸"，造成广大中小投资者利益受到严重侵害。这些造假的手段主要有：粉饰财务报表、夸大募投项目前景、关联交易、故意瞒报内部控制事故、隐藏实际控制人等。

（2）国外的研究很早就发现，企业的高级管理人员作为公司的内部人，倾向于在获得公司股票期权时，通过操纵公司信息，以便在影响公司股票价格的变动中获利。也就是说，针对企业的坏消息进行提前披露，针对好消息进行延迟披露，通过这种方式使得企业股价减少，最终获得更高的股票期权收益。就国有股而言，在减股的时候，减持价格高低和大股东减持收益存在直接联系。减持价格越高，一方面可以使得大股东在卖出同样数量股票的前提下获利更多，另一方面可以使大股东在获得既定减持收益的情况下，出售较少数量的公司股票，从而继续保持其对上市公司的控制力。因此，大股东有动力在股票减持前采取一切可能的手段，影响股票价格。其具体做法是：大股东倾向于在减持前披露公司的利好消息，借此推高股票价格；将公司的利空消息延迟至股票减持后披露，从而降低股价下跌对减持收益的不利影响。大股东的"择机"减持行为，虽然不会像股权分置改革前的占款和担保等行为直接导致上市公司破产清算，但是由于其造成的不公平性，同样会损害广大中小股东的利益。

（3）大股东利用"定向增发"择机营利。上市企业在场外针对特定对象非公开发行股票的行为就叫作定向增发。增发的形式有两种：一种是定向增发，另外一种是公开增发。股权再融资的方式包括增发以及配股。从 2006年开始，在我国股权再融资过程中，定向增发引起了广泛的关注和认可。在定向增发过程中，影响买卖双方收益的最关键因素之一就是增发的价格。对于发行方而言，增发价格越高，其发行同样数量的股票，所筹集到的资金就越多；为筹集到一定数量的资金，其所需发行的股票数量就越少，从而降低了公司股权的分散。对于购买方来讲，增发价格越低，购买方所需支付的成本就越少。但是，当把上市公司的大股东当作增发对象时，情况就会有所不同。从整个企业的角度来看，高价增发确实是有益的，但是这种行为很可能导致大股东受到负面影响。如果增发对象是他们，那么增发价格的高低和他们支付的增发成本呈现正比的关系，越低的增发价格可以给他们带来越高的收入。由于增发价格较低，上市公司获益也就相应减少。Johnson 和 LLSV（2000）等将这种大股东利用低价定向增发稀释中小股东控制权的行为，视为大股东利益输送的方式之一。部分研究结果显示，实施全部流通之后，大股东在定向增发的过程中，认购比例高低和折价程度高低呈现正比关系，所以通常情况下他们都会使用定向增发的方法，以此来获得更多的利润。

（4）定向增发与减持、股利分配搭配使用。大股东通过以现金或其他资产方式认购增发的股份，然后又通过现金分红的方式将投资成本收回。这样不仅收回了定向增发的成本，还增持了对上市公司的控制权。规避了证券监管部门的监管，还避免了证券市场的波动，但是对公司价值和中小股东利益的侵害则更为严重。

（5）大股东自身的一个重要优势就是信息，他们利用其信息优势，发挥该有的作用，对二级市场股价进行控制，从而获得预期的利润。在一个企业之中，最大的股东就是终极控股大股东，企业的所有重大决策都需要大股东的参与，其实他们也有决策权。因此，大股东拥有公司最及时、最全面的生产经营信息。为将自身收益最大化，大股东常通过操纵信息、实行信息管制、"坐庄"二级金融市场，在股价波动中牟利。在该模式下，对于大股东和中小股东而言，他们的利益是一致的。然而，双方的持股比例并不相同，信息不对称现象也非常普遍，所以在大股东的控制下，中小股东无法紧跟股价的变化情况，最终导致亏损严重。

此外，大股东在全流通条件下，还经常通过关联交易、给高层管理者支付过高的薪酬等隐蔽的方式进行利益输送。不管是哪一种利益输送方式，大股东的"掏空"，似乎是一个永恒的主题。

综上可见，大股东改变了以往直接的掏空行为，股权分置改革后，大股东利用其控制权和绝对信息优势，通过操纵信息、故意瞒报、关联交易等更加隐蔽的方式进行"掏空"，严重危害了中小股东的合法权益。因此，财务信息披露成为有效抑制大股东和中小股东代理问题的重要机制。内部控制制度的有效性和外部审计的公允性显得至关重要，成为中小股东维护合法权益的有效途径。本书在这两方面的研究具有理论和实际意义。

3 我国中小股东利益保护的制度环境

3.1 我国上市公司的股权结构特征

在我国刚建立了股票市场后，上市公司股权结构非常复杂，其中包含着各种各样的股权形式。从所有者性质角度来看，主要包括国有股、公众股和法人股三个类型。从交易场所角度来看，主要包括 A 股、B 股、H 股等。除此之外，转配股以及内部员工股也是其中的重要构成部分。A 股、B 股和 H 股这三种类型都属于流通股，在股票市场上，这三种类型能够自由转让，但是流通范围仅限于彼此的分割市场，在不同市场上价格也是有所差异的。对于法人股，国有股以及内部员工股而言，这些都属于非流通股的类型，无法在市场上自由转让。如果要转让，只能通过协议转让。一般情况下，协议转让价格都比一般企业的 A 股价格低。在不同性质的所有者中，国家股的比例最高。据统计，在 2006 年之前我国上市公司国家股比例的平均值是41.57%，最大值是 49.06%（1993 年），最小值是 31.52%（1997 年）；法人股的平均值是 22.58%；A 股的平均值是 23.77%。我国完成了股权分置改革之后，国有股比例大规模减少，法人股也是如此，但是流通股有所增加。如表 3-1 所示，流通股比例的均值在 2008 年超过了 50%，此后也是一直增加，在 2013 年超过 90%。

表 3-1 我国上市公司股权结构

单位:%

日期	上市 A 股比重	上市 B 股比重	流通股比重	非流通股比重
2008 年	93.63	6.37	50.76	22.18
2009 年	94.01	5.99	75.25	21.13
2010 年	94.97	5.03	75.80	18.67
2011 年	95.55	4.45	79.59	17.56
2012 年	95.85	4.15	81.38	17.04
2013 年	95.88	4.12	90.29	16.59
2014 年	96.14	3.86	89.29	15.52
2015 年	96.53	3.47	87.87	13.96
2016 年	96.81	3.19	86.05	12.65
2017 年	97.20	2.80	85.41	11.83
2018 年	97.29	2.71	86.72	11.40

股权集中度（concentration ratioofshares，简称 CR），是指根据股东的持股数量计算出来的第一大股东或前几位大股东在上市公司股份总数中所占的比重之和。它是一种数量指标，是对公司股权分布状态的一种静态反映，一般有下面几层含义。

第一，前几位大股东以持股数量为基础，计算持股数量占公司总股本的比重，得到的结果就叫作股权集中度。如果计算结果越高，那么就意味着前几位大股东掌握了一个企业的大部分股份，而与之对应的其他股东所占的股份就比较少，也就是说，企业的股权集中度比较高。第二，该指标的对比还包括以下两个部分：一部分是大股东的持股比例，另外一部分是非大股东的持股比例。股权集中度属于结构性指标，在上市公司之中该指标越大，其他股东就无法有效的制衡大股东。但是，来自外部监管部门的监督压力则可能较大。反之，如果比值越低，则说明公司股权集中的程度就越低，来自公司内部其他股东的监督压力就越大，而来自外部监管部门的压力则可能相对较低。

以大股东持股比例为切入点，股权集中的模式可以划分为三种类型：大股东绝对持股、分散持股以及相对持股。不同类型的比重划分详情如表 3-2 所示。

表 3-2　股权集中度与控股模式

持股比例	CR＜20％	20％≤CR≤50％	CR＞50％
控股模式	分散持股	相对持股	绝对持股

在绝对控股模式中，通常情况下，上市公司内部超过 50％的股份都掌握在大股东手中，也就是说，大股东几乎可以完全控制整个公司，他们有权监督职业经理人。中小股东如果进行监督，其成本很高、甚至得不偿失。因此，理性的中小股东一般倾向于"搭便车"。实现了全部流通后，大股东的部分利益和上市公司一致。在这样的情况下，他们能够推动上市公司的发展，也可能侵占公司资源。因此，在大股东绝对控股的情况下，大股东的行为既有其"积极"的一面，也有其"消极"的一面。在相对模式下，上市公司 20％～50％的股权掌握在大股东手中，其他大股东的持股量小于大股东，即使如此，其他大股东还是有权制约大股东。在分散持股的情况下，所有权和经营权基本分离，每一个股东的持股数量都非常少，持股比例非常低，没有任何一个股东能够实现对公司的完全控制或相对完全控制。

从股权集中度来看，自 2007 年开始，随着股权分置改革深入开展，前五大股东持有公司 50％以上股权的公司数量有所减少，但是依然有五成以上的公司超过 50％的股权由前五大股东掌握。对第一大股东而言，公司有 25％～75％的股权掌握在他们的手中。如表 3-3 所示，在 2013—2017 年的发展中，他们的持股比例为 26％～50％。在国内，上市公司第一大股东平均持股比例和最大持股比例分别超过了 30％和 80％，"一股独大"的现象非常明显，大股东掌握的股权比例越高，他们就能够有效的管控管理层以及董事会，而其他股东又不能和大股东进行有效的抗衡，导致大股东采取各种各样的方式为自身牟取利益，造成中小股东的利益受损，甚至导致公司价值受到严重影响。

表 3-3　2013—2017 年我国 A 股上市公司第一大股东持股比例分布

年份	0～10％	11％～25％	26％～50％	51％～75％	76％～100％
2013	1.52	19.34	36.42	14.70	1.43
2014	1.46	21.11	39.85	14.64	1.66
2015	1.55	23.95	44.04	14.92	1.71
2016	1.74	26.70	48.06	14.25	1.29
2017	1.91	29.26	53.37	13.74	1.01

除此以外，2003—2008 年，我国上市公司 Z 指数（公司第一大股东与第二大股东持股比例的比值）的中位数达到了第二至第十大股东持股比例之和的中位数分别达到 4.76 和 17.81。随着股权分置改革不断深化，我国上市公司 Z 指数中位数相对于 2008 年以前有所降低，到 2018 年为 3.23。近 5 年，第二至第十大股东持股比例之和的中位数比之前有所上升，2018 年具体数字是 26.24%（表 3-4）。这说明近年大股东问题已经引起我国上市公司市场的广泛关注，"一股独大"的绝对性得到削弱。然而，在我国所有的上市公司中，第一大股东明显优势更加突出，其他股东根本没有办法和他们抗衡。有股权性质角度为切入点，2003—2005 年所有的 A 股上市公司中，第一大股东为国有股东公司所占比重超过了 60%。2006—2008 年期间，超过五成的 A 股上市公司的第一大股东为国有股。然而，随着股权分置改革的不断深化，近 5 年，我国 A 股上市公司大股东中国有性质已相对弱化，但是国有性质企业的市值依然占到总市值的六成（表 3-5、表 3-6）。

表 3-4　我国上市公司股权集中指数中位数

	2015 年	2016 年	2017 年	2018 年
Z 指数	3.95	3.49	3.27	3.23
S 指数	21.29	23.49	25.27	26.24

表 3-5　我国 A 股上市公司十大股东国有性质（国家股、国有法人持股）比例

单位：%

年份	2013	2014	2015	2016	2017
占比	3.20	3.23	3.01	3.57	3.24

表 3-6　2017 年我国上市公司公司属性市值比例

公司属性	公司数量（家）	数量比例（%）	国有/私有数量比例（%）	市值总额（元）	市值比例（%）	国有/私有市值比例（%）
地方国有企业	653	19.18		11 730 557 796 433.40	18.22	
中央国有企业	352	10.34	34.77	16 481 225 194 624.90	25.60	62.06
公众企业	155	4.55		11 461 710 444 496.90	17.80	
集体企业	24	0.70		283 282 340 661.08	0.44	

（续）

公司属性	公司数量（家）	数量比例（%）	国有/私有数量比例（%）	市值总额（元）	市值比例（%）	国有/私有市值比例（%）
民营企业	2 071	60.82		22 678 312 998 917.70	35.23	
外资企业	79	2.32	65.23	843 500 917 391.71	1.31	37.94
其他企业	71	2.09		902 414 863 575.68	1.40	
合计	3 405	100.00	100.00	64 381 004 556 101.50	100.00	100.00

资料来源：国泰安数据库、Wind 数据库及作者收集整理。

在国内，大部分上市公司的前身都是国有企业。在上市公司中，控股地位掌握在国家手中。即使如此，在特定的范围中，大股东有权决定自己的持股比例。除此以外，以改制模式为前提，不同机构可以拥有公司的控制权。在未改制时，上市公司的母公司就是国有企业，前者从后者手中得到了非核心资产，所以双方业务上是有一定的交易的，国有企业为上市公司提供一定的保障。但是，在证券市场上，因为股票发行核准制的影响，在上市公司内部，无论是大股东还是地方政府，他们获得利润的动机非常强烈，同时也有一定的能力得到相应的利润，以此来促进国企的发展（李增泉，余谦，等，2004），所以如果上市公司被国有企业控制，那么大股东利益输送行为更加普遍（李增泉，孙铮和王志伟，2004）。

除此以外，在国有控股股权模式的影响下，国有股拥有的股权比例更高。首先，这种情况很容易导致大股东采取相应的方式侵占中小股东的利益，主要方式包括股利政策、关联交易等。其次，上市公司内部可能也会出现控制缺位的情况，或者产生控制越位的情况，最终产生"内部控制"这样的不良现象，这对资源配置而言也是非常不利的。国家通常情况下是国有股权的所有者，但是国家并不直接行使股东权利，权力行使者是各级政府，也可能是相关部门，或者是经过授权的机构，对于这些机构和部门来说，因为控制权和剩余索取权匹配性比较差，导致他们在行使权力的过程中积极性较差，结果出现前面提到的不良现象。除此之外，从政府角度来看，他们不仅仅重视经济目标，也更加重视其他方面的目标，尤其是政治层面，例如社会就业等。所以，他们采取的主要方式就是委派董事长或总经理对公司进行一定的监督和管理，但是如果政府干预过于强烈，同样会造成资源配置率下降。

总而言之，我国上市公司大股东的持股比例差异性是非常大的，一般情况下，大股东的持股比例较高，导致其他股东无法对其产生制衡作用。虽然我国实施了股权分置改革，但是"一股独大"的现象依然存在。除此之外，国有股持股占比高也是一个非常明显的特征。就当时的规定来看，国有企业是我国上市公司的前身。按当时规定，在对企业资产负债进行核实的基础上，将国有企业的原有净资产折算成国有股股份。其中，国有股股份不得低于账面净资产的 65%，每股净资产也不得高于 1.5 元。对社会公众公开发行的股票，则允许其溢价发行。其发行的溢价率应不低于国有股的折股倍数，最低不得低于每股 1.5 元。除此以外，我国又颁布了各种各样的规定，为了保障在股份公司中国有股份掌握绝对控股权。这样，从我国上市公司产生之初，天然便具有了股权高度集中的特征，国有股在其中占比较大。一般认为，如果一个国家的法律不能对投资者提供较好的法律保护，终极控制者常采用金字塔结构。大股东使用该结构能够得到大量的资源，而且还不需要花费大量的资本。截至目前，我国的上市公司中大股东一般都会使用这样的方式来进行控制。

3.2 我国中小股东法律保护失衡与执法方面的不足

La Porta 等（1998，1999，2000）以法律角度为切入点，分析的主要内容是股权结构、股利政策、公司价值以及资本市场的发展，得到的结论是：在大陆法系国家，因为对投资的保护力度相对比较弱，所以资本市场的整体规模仍然比较小。在上市公司中，股权集中度还是比较高，整体价值比较低，这种情况也导致中小股东的权益无法得到有效的保护。从整体上看，如果一个国家的法律情况比较好，那么法律可以有效地维护股东权益，如果大股东采取不合理的方式侵占小股东权益，他们会依法受到惩治，这会使得他们的利益输出成本上升，循序渐进，他们的利益输送的动机就会不断地降低。也就是说，法律是调节利益的重要手段。在协调的同时，如果法律更加关注维护大股东权益，那么在收益结构之中，控制权收益比重就会不断上升。反正，在收益结构中，大股东控制权收益就会有所减少。如我国法律条文是有非常重要的作用的。如果大股东违反了法律条文的规定，造成中小股东利益受损。那么法官就会判定他们的行为是违法的。然而，制定法律规定的主体是人，随着经济发展，大股东采取的不合理行为也变得越来越复杂，隐蔽性也不断上升。不可能在法律法规中覆盖所有的手段，这样就导致法律的效果下降，无法真正的保护中小股东权益。

从保护我国投资者的有关法律的实施情况来看，针对中小股东，我国的法律保护力度较弱。"一股独大"的现象普遍存在。在同股同权原则的影响之下，中小股东的主要特点表现在以下两方面：首先，由于中小股东的股权相对较少，所以在公司内部，他们几乎没有主体地位，公司法也不可能将中小股东的保护提升到"主要"的高度，这也就导致无法真正的从法律角度来维护中小股东的权益。其次，和其他类型的股东进行对比，中小股东的决定权也比较弱。要想维护他们的权益，就必须和大股东之间建立委托代理关系。

结合我国的法律实施情况来看，遵循的一个主要原则在于"资本多数决定原则"。也就是说，在符合标准的股东大会中，股东大会表决权要生效，前提条件是多数通过决议。除此之外，还要能够对部分股东具有限制和约束。在该原则的影响之下，如果股东的股份越多，那么发言权也就越大，假如股东之间出现利益冲突，那么拥有资本更多的股东拥有更大的话语权。然而，该原则也从某种程度上来说对大股东是有利的，假如他们贯彻该原则的过程中采取不合理的手段，得到更多的收益，那么法律判定结果一般是公司的意思。这样就导致中小股东权力和财产利益出现了脱节的情况，大股东占用了他们的财产。所以，这一原则还是不能从根本上维护中小股东的权益。

对中小股东而言，诉讼需要消耗大量的成本。结合我国的司法体系来看，实施的主要模式为"辩方举证"，集体诉讼是不允许的。该制度导致中小股东几乎不会提起诉讼，主要原因在于无法取证。就大部分中小股东来说，他们的主要目标是为了获得利益，所以其财务方面的知识是比较欠缺，但是在近年的发展过程中，大股东采取各种各样的方式侵害他们的利益，这些现象也变得更加"合理"，这种情况导致中小股东取证难度越来越大。除此之外，如果他们的利益受损，那么大股东对他们的赔偿只限于损害的部分。在我国的民事法律中，惩罚性赔偿是不存在的。所以，如果提起诉讼，中小股东得到的赔偿往往要低于他们的成本。这也造成他们的诉讼积极性比较低。从目前的实际执法情况来看，证券民事赔偿起不到应有的威慑作用，导致中小投资者的合法权益不能得到法律的有效保护。随着市场经济的发展，公司制度也在不断发展，在新的发展趋势下中小股东权益的法律保护成为各界关注的问题。但是从实施的效果看，股东权益保护，尤其是中小股东的权益保护，仍然是一个艰巨的任务。

综上所述，我国的所有权比例缺陷比较大，所有权性质也存在很多不合理之处。这也在一定程度上造成中小股东权益无法得到有效的保护，而且还可能造成在未来的发展中大股东变本加厉。我国法律法规自身有很多不足之处，而实施时存在的如"资本多数决定原则"以及"辩方举证"等进一步加剧了中小股东法律保护的缺陷。所以，中小股东也希望通过法律来维护他们的利益。受成本因素的影响，加上自身知识不够完善，中小股东不愿主动维护他们的利益。针对这种情况，外部监督和约束机制就发挥了非常重要的作用。在该机制之中，审计具有较强的独立性，这能够在一定程度上维护中小股东的权益。

4 我国内部控制制度的发展

我国的内部控制历史悠久，可以追溯到西周时期（公元前1046—前771）（Li，2001）。新中国成立以来，政府各部门参与了内部控制的建设，制定了大量的内部控制法律法规。截至目前，我国企业控制的发展阶段主要包括：第一阶段是学习和探索阶段，从1949年到2005年。第二阶段是发展和创新阶段，从2006年开始到现在。

4.1 两个阶段

第一阶段（学习和探索阶段）对会计人员的职责要求、任免要求、奖惩要求都与内部控制有关。从1949年到2005年，内部控制的目标和定义有一些明确的特征。第一，《中华人民共和国会计法》只是在会计控制角度给内部控制提出了相应的要求，并未涉及内部控制的评估报告。第二，我国的内部控制目标不仅依赖COSO内部控制框架，而且要考虑我国的特点。例如，我国有着悠久的历史和传统文化，这对商业有着深远的影响；我国于2018年由财政部、证监会、审计署、银监会、保监会联合发布的《企业内部控制基本规范》注重非财务内部控制。第三，除了内部控制标准之外，其他规定都是根据某些行业企业的需要而设计的。总体而言，缺乏统一、权威、全面的内部控制制度。第四，内部控制制度的逻辑和层次不是很明显。第五，不同类型的内部控制定义是有所差异的，包括风险控制，会计控制等。从基本原则角度来看，不同类型的规定也互不相同。从内容和结构角度而言，它们和COSO内部控制框架具有一定的相似之处，但是具体内容还是有差异的。而且，内部控制的内容广泛，具有鲜明的行业特征。最后，不同交易所上市公司内部控制结构不同，国内没有统一的内部控制框架（Chen，2009）。

第二阶段为创新与发展阶段。2002 年，美国通过了《萨班斯-奥克斯利法》，对我国产生了相当大的影响。我国内控制度在 2006 年建立，发展速度不断加快，越来越多的部门开始制定相关的法规和制度。证监会发布《首次公开发行股票并上市管理办法》明确提出，IPO 内控必须是高效且有效的，作为我国的注册会计师有责任签署内控评价报告。之后，国有资产监督管委会发布了《中央企业全面风险管理指引》。这和企业风险管理集成框架（COSO，2004）之间具有一定的相似之处，使得我国内部控制制度内容变得更加完善，在内部控制规范建设方面实现了重大的突破。2006 年 7 月 15 日，财政部成立了企业内部控制标准委员会。除此之外，上海证券交易所发布了《上海证券交易所上市公司内部控制指引》。深圳证券交易所也发布了《深圳证券交易所上市公司内部控制指引》。2007 年 3 月，企业内部控制标准委员会制定了《企业内部控制基本规范》。2008 年 6 月，财政部、证监会、审计署、银保监会几部门联合发布了首都《企业内部控制基础标准》（以下简称《基本规范》）。但直到 2010 年 4 月 26 日，五部委发布《企业内部控制配套指引》（以下简称《配套指引》）后，《企业内部控制实施细则》才正式实施。《基本规范》与《配条指引》的发布表明，适应我国企业实际情况、融合国际先进经验的内部控制体系已基本建成。内部控制信息强制性披露的实施促进了我国未来内部控制制度的建立和完善。

4.2 深交所、上交所上市公司内部控制指引

2006 年 7 月，上交所发布了《上海证券交易所上市公司内部控制指引》，该指引有五个特点。第一，其具体内容和 COSO 风险管理具有相似之处。第二，其内容对于以下三目标模式具有依赖性，分别是合规、报告和运营，这和 COSO 内部控制一体化框架目标也是有相似之处的。第三，内部控制的因素类似于 COSO 内部控制综合框架。第四，内部控制的负责机构类似于英国的特恩布尔报告（2005）。第五，内部控制报告类似于美国的 SOX 和美国证券交易委员会（SEC）。然而，还有更多的原则，它们在需求方面更普遍。综上所述，《上海证券交易所上市公司内部控制指引》中表达的内部控制结构较为宽泛，对评估和报告的要求也较为严格。深交所和上交所制定的上市公司内控指引模式是比较类似的，其共同点在于都有一个介绍监事会和独立董事意见的过程，但是，对审计工作者来说，他

们评估的内容仅限于财务报告。这两者的内部控制指引比较情况如表 3 - 7 所示。

表 3 - 7 深圳证券交易所和上海证券交易所上市公司内部控制指引比较

项目	上交所	深交所
内容	类似 COSO 风险管理	类似于 COSO 内部控制
目标	战略，运营，报告和合规	运营、报告、合规和资产安全
责任主体	董事会、检查监督部门	董事会、内部审计部门
结构	类似 COSO 的风险管理结构	
评估	会计师事务所审核内部控制自我评价报告的评价意见	审核员审核内部控制评价意见。如果有不同意见，公司会添加一个特别声明
监管特点	风险管理、注册会计师的有效结论及验证	内部控制，注册会计师财务报告内部控制的有效结论及评价意见

资料来源：Chen，2009。

4.3　上市公司内部控制标准

　　财政部全同证监会、审计署、银保监会、国资委等部门于 2006 年 7 月 15 日联合成立了企业内部控制标准委员会，该委员会的主要职能是为我国内控提供相应的咨询服务，其主要目标在于打造内控标准体系。它能够对风险进行一定的防范，对贪污情况进行监察，并通过控制和评估的方式推动企业的发展，促进企业的管控力度，发挥内控约束机制的作用。

　　基于我国独特的环境，我国政府决定在不同的企业中分批实施《基本规范》。这是因为在企业中实施内部控制需要资金、人力资源和技术支持。在国内外上市的公司往往实力更强，技术更先进，员工素质更高。尤其是在美国上市的公司，全部参考 SOX 制定了系统健全的内部控制体系，国内外上市公司内部控制质量是各不相同的。它们便开始实施内部控制。在我国，内部控制实践深深植根于其所处的独特环境中，并受到儒家价值观和传统的影响。在 2006 年国家就实施了一体化框架的思想，但很多企业仍然只依靠会计控制，尚未建立起高质量的内部控制体系。我国内部控制理论和实践建设起步较晚，与发达国家相比有很大差距。然而，随着《指导意见》的发布，我国的内部控制质量得到改善，加强会计信息质量、审计有效性、内部控制信息的披露，并使资本市场更加活跃。

5　外部审计保护的理论基础

5.1　审计的独立性与中小股东权益保护

结合当前的企业制度来看，企业所有者和管理者代理关系的构成来自独立经济人，提出审计是为了监督管理代理人。审计是一种外部治理机制，能够有效地缓解不同主体之间存在的利益冲突，而且还能够使得交易成本减少。Watts 和 Zimmerman（1999）提出，审计不仅有利于维护投资者权益，同时也能够有效的控制大股东。审计师对于企业内部的财务报告进行审计，能够清楚了解企业的财务情况，了解其经营获得的成效，掌握其现金流量等。不仅如此，还能够明确公司和大股东交易是否合理，从而减少大股东和中小股东存在的代理冲突，在一定程度上抑制大股东侵占中小股东合法权益的行为。除此之外，注册会计师审计也能够有效地向中小股东进行预警。通过审计可以了解中小股东应该需要什么样的会计信息来进行决策（王艳艳，2006），能够让中小股东了解企业的发展状况。与此同时，还可以帮助中小股东承担相应的风险。通过审计得到的最终意见，中小股东可以了解相应的财务信息，对投资决策进行优化和改进。在多个方面，审计都有重要的作用，比如约束大股东行为、维护中小股东利益等。部分研究结果显示，从某种程度上来说，审计还可以弥补企业治理机制存在的问题和缺陷（TJ.Wong，2005）。如果某个国家针对投资者的法律保护力度不够强，那么也可以通过审计来进行弥补，从而使得企业代理冲突得以缓解，更使得中小股东的权益得到维护。即使法律保护力度较好，审计同样可以发挥有效的作用，加强对中小股东的维护。部分国家在颁布其他法律法规的过程中也明确指出必须建立审计制度，如出台《证券法》等，在维护股东权益的过程中，注册会计师是重要的角色。我国证监会和财政部也明确提出，针对所有注册会计师而言，他们要明确地解释公司大股东和其他关联方占用资金的具体情况，这也是为了更有效的维护中小股东的利益，同时保障整个企业的价值。根据证监会和沪、深证券交易所制定的监管政策和内容来看，在参考指标之中，审计意见是非常重要的构成内容。企业利益相关者对注册会计师有一定的依赖性和信任度，主要原因就是他们能够以独立的姿态与企业达成契约。对于审计来说，其本质属性在于其独立性，审计是每一位注册会计师生存和发展的重要基础和保障。注册会计师在审计过程中必须确保独立性，切实维护中小股东的合法权益。

5.1.1　审计独立性的内涵

DeAngelo（1981）提出，在审计过程中，审计师发现了公司的财务报告中出现舞弊行为并且提出报告的概率就叫作审计独立性。把审计师发现财务舞弊的概率以及予以报告的概率分别假设为 α 和 β，$\alpha \times \beta$ 代表的就是审计独立性。因为 $\alpha < 1$ 且 $\beta < 1$，所以 $\alpha \times \beta < 1$。要使 $\alpha \times \beta$ 逼近 1，就能够体现审计工作者抵制被审计对象选择性披露压力的能力。也就是说，对于审计师而言，审计独立性是一个非常重要的约束条件，尤其体现在道德层面。在审计的过程中，作为注册会计师，必须确保自身具有正直、客观的心态。审计独立性以道德为前提，不仅仅体现在审计过程的独立性，同时也体现在审计的全员独立性。首先，在整个过程中，审计人员必须确保事实独立。其次，审计人员自身也必须具有独立性，具体包括两个方面：其一，实务人员或职业者的独立；其二，职业的独立。从维护中小股东权益角度来看，上述两方面的独立性相辅相成，互为补充。

总而言之，审计独立性具体内容涉及两个方面：一方面是形式的独立，另一方面是实质的独立。就实质的独立而言，在发表意见过程中，注册会计师客观公正地提出意见，始终以客观的心态来处理事情，对自己的工作有足够的信心，不会因为外界压力而受影响，也不会随便维护一方的利益。就形式的独立而言，无论是注册会计师还是审计委托人，他们都是具有相互独立性的，不存在任何联系。这一方面的独立性主要从表面上体现，但是却能够让整个社会信任注册会计师。阿伦（Arens）和骆贝克（J. K. Loebbecke）提出，从实质上而言，假如审计人员具有独立性，然而报表使用者却指出审计人员是客户的辩护人，在这样的情况下，审计职能是几乎不存在价值的，这就体现了形式独立是至关重要的。

5.1.2　审计独立性与大股东侵占行为的抑制

美国注册会计师协会（AICPA）在 1988 年发布了第 53、54 号公告，在这一时期，审计的目标不仅仅在于财务报告是否真实，同时也要验证其公允与否。要达到预期的审计目标，前提条件是注册会计师必须具有独立性，也就是说，在发挥职能的过程中注册会计师行使权力必须是独立的。一般情况下来说，大股东往往会采取一定的方式来篡改会计信息，这样能够使他们的舞弊行为不易被发现，最终导致会计信息不够准确。假如审计师没有发现其中的弊端，那么大股东就不可能触犯法律，也就不可能维护中小股东的权益。要保证审计独立性，那么所有审计师都必须具有独立性，这样才能有效地约束大股东的不正当行为，维护中小股东的利益。同时也能够激励审计工作者及时披露大股东的行为，如占用资金等，并在整个社会上引起关注。

5.1.3　审计独立性与中小股东知情权的保护

无论是会计准则体系，还是审计准则体系，审计独立性都是非常重要的。审计独立性可以保障审计是全方位的检查会计信息，并且进行严格的披露，从而使得中小投资者的权益得到维护，帮助他们做出科学有效的决策。2004 年《OECD 公司治理原则》提出，作为审计师必须承担自身的职能，要对股东负责，同时对企业保持忠诚，在审计的过程中必须尽心尽责，有足够的专业性。我国《独立审计基本准则》第九条规定，"注册会计师的审计意见应合理地保证会计报表使用人确定已审计会计报表的可靠程度"。第二十二条中规定，"审计报告应当说明被审计单位会计报表的编制是否符合国家有关财务会计法规的规定：在所有重大方面是否公允地反映了其财务状况、经营成果和资金变动情况，以及所采用的会计处理方法是否遵循了一贯性原则"。在上市公司的发展中，经营活动变得越来越复杂，其很可能会通过更加纷繁复杂的交易来编造业绩，造假手段五花八门，导致其不正当行为的隐蔽性不断增加。作为中小股东，他们处于信息的劣势，无法及时地意识到财务危险信号。发挥审计工作者的作用，他们能够及时地了解这些危险信号，从而使得中小股东面临的信息风险得以下降。

5.1.4　审计独立性与中小股东收益权的保护

作为审计师，在对企业的财务报表进行审计的同时，必须严格遵守相关法律制度以及要求，要全方位的调查企业的内控系统，并作出准确全面的评价，针对其中的不足和问题，要及时地提出改进策略，而要做到这一点，前提条件是独立性，否则提出的审计意见也是不够科学准确的。客观公正的审计评价以及提出的建议对企业而言至关重要，能够帮助企业改善经营业绩。除此之外，审计也能够在一定程度上带来制度的威慑效应，当企业中的管理者或者工作者知道自己即将被审计，那么他们也会在工作中进行一定要改进。从这个角度而言，审计独立性还可以减少经营风险，而这也有利于维护中小股东的权益，甚至使他们的收益上升。企业治理的关键目标是为了以委托代理关系为前提条件，采取合理的方式和制度维护广大投资者的权益，并使得自身的代理成本下降。从某种程度上来说，审计其实也属于监督机制，是公司治理结构的重要构成部分。总而言之，审计可以有效地约束大股东，防止出现为了一己私利而损害中小股东权益的行为，从而维护中小股东的利益。但是，怎样才能够真正地发挥审计的作用并且达到这一目标呢？

5.2 审计保护中小股东权益的关键理论问题

5.2.1 审计师选聘与审计需求质量

就目前的公司治理情况来看，对外聘请高质量审计师是非常关键的环节。目前，经济在不断转型，"审计师选聘"一个非常重要的功能在于信号传递（Choi and Wong，2002）。审计师选聘机制可以体现出企业对于审计质量的需求高低。在整个市场的发展过程中，选聘审计师的权力在企业代理人手中，如果他们结合审计师选择机制筛选出了相应的审计师，市场对审计师提出的意见进行一定的判断和评估，然后再反馈到市场中，当前以及潜在的投资人员参考这些信息进行决策，便可达到权益保持增值的目的。

如果审计师选聘机制较为完善，那么内部人出现侵占行为的发生概率就会减少，代理成本也会随之降低。企业可以以维护所有股东的利益为切入点，科学合理的选择审计师。在选择过程中，必须确保审计师自身的专业能力较强，同时又可以准确地判断财务报告的合法性和公允性，最终出具高质量的审计意见以及审计报告，为实现预期的目标提供一定的保障。审计能够在一定程度上缓解委托代理矛盾，在最大限度上降低信息不对称。所以，审计师选聘是保障审计高质量的重要环节。

5.2.2 审计责任追究与审计供给质量

审计也是一种职业，审计工作者自身有一定的工作职责以及社会责任。从本质来看，审计师就是为了保障企业内部的会计信息准确有效，促进会计信息产权的合法交易，最终达到维持企业融资契约关系的目标。审计责任存在的制度前提在于产权交易。审计责任主要包括两部分，一部分是职业责任，另外一部分是法律责任。前者指的是审计工作者在工作中必须履行的专业责任，涉及职业规范的所有规定和要求。后者主要指的是因为会计师和执业机构未落实自身的责任对其进行惩处，从性质角度来看，这些惩处主要有三个部分构成，分别是刑事法律责任、行政法律责任和民事法律责任。在我国，也有一些法律明确了注册会计师要承担的法律责任，具体包括《中华人民共和国注册会计师法》《中华人民共和国公司法》《中华人民共和国证券法》和《中华人民共和国刑法》等。社会公众的理解和接受度在一定程度上会影响审计职业规范在界定审计责任中的作用。结合大量的实践案例来看，我国法院提出《审计准则》仅能作为审计行业对外界所作的声明，不能通过

《审计准则》来评判审计责任。所以，往往会忽略《审计准则》，直接使用《民法》或《刑法》中的规定。审计师以及整个行业的自律性是履行审计职业责任的重要保障。近年，会计师事务所和上市公司之间的不睦案件发生概率不断上升，针对这些情况来说，行业自律是没有办法解决问题的。由此可见，有必要发挥法律的作用，以此来约束审计师以及会计师事务所的行为。Zoe Vonna Palmrose（1988），赵国宇、王善平（2008）等学者进行实证研究之后提出，针对审计师追究法律责任能够在一定程度上优化审计质量，所以监管机构有必要建立全面的法律责任体系。本书所分析的审计师法律责任具体指注册会计师在从事审计业务活动过程中因审计报告虚假陈述而应承担的对第三者的民事责任。

可以通过以下方式来定义审计责任追究的目标：$\text{MinSTC}(Q)=C(Q)+L(Q)$。在该公式中：$STC(Q)$、$C(Q)$、$L(Q)$分别代表社会总成本、审计成本以及相关利益主体由于依赖虚假财务报表做出错误决策而发生的损失。之所以要追究审计责任，主要目标就是希望能够提高审计服务质量，帮助有关利益主体减少他们的损失。实施审计责任追究制有利于保障审计质量，加强对审计师的监督。除此之外，该制度属于惩戒制度，发挥的负反馈效应也会变成威慑力，有利于规范审计人员的行为，保障他们在活动过程中遵守职业道德。大股东控制下，审计委托代理关系被异化，因为利益的影响，在执行审计的过程中审计师也可能会失去独立性，和企业内部的股东或者管理层联手对审计意见造假，导致中小股东权益被侵占。针对这些情况，实施审计责任追究很有必要。在该制度的影响下，如果审计师出具不合理的报告，那么他们必然会遭受严厉的惩罚。考虑到这一点，审计师必须保障独立性，提高审计质量，发挥出审计的真正作用。假如审计师履约失败，那么中小股东也有权力提出赔偿要求。越严格的审计责任追究能够发挥更显著的威慑作用，提高审计工作的独立性，保障审计报告的质量，便可以切实维护中小股东的合法权益。

5.2.3　社会责任审计与审计供需质量

社会在不断进步，经济在不断发展，整个社会开始普遍认可可持续发展理念。投资者不仅仅重视企业的经济效益，同时也更加关注他们的社会效益。对于每一个企业来说，在其战略中，积极履行社会责任并发布独立企业社会责任报告是非常重要的内容。毕马威（KPMG）的一份报告显示，"财富500强"前250家企业中，有79％的企业对外发布企业社会责任报告。在2002年，该比例只有45％；在2005年，其比例是52％。从企业自身角度来看，承担社会责任可以帮助企业提高社会形象以及知名度，使得企业的竞争水平提高，而其股东也可以得到大量准确的社会信息及环境信息（Risako Morimoto et al.，2005）。总而言之，审计企业的社会责任能够体现出企业的绩效，弥补传统企业财务报告中存在的不足。衡量一个公司要适当地扩大审计的领域，不能只是停留在财务报告方面，还应该考虑社会责任方面的内容。在契约论的社会背景之下，因为企业产权界定不够明确，再加上信息不对称的影响，不得不制定审计契约，该契约可以解决会计供给契约存在的不足之处。审计契约有利于提升企业的价值，所以当企业契约机制运行所需的会计信息出现变化之后，那么审计功能也要随之进行优化和改进。签订企业契约的产权主体参与程度发生改变，再加上会计信息需求发生的变化，在这样的情况下，必须及时改进并调节审计制度的安排。对于利益相关者而言，他们有必要委托审计主体，结合相应的标准和制度，采取有效的审计方法和手段，合理鉴证被审计对象履行社会责任是否合法，是否具有公允性以及效益性，该过程就叫作企业社会责任审计。之所以会出现企业社会责任审计，其主要原因就是企业产权主体之间存在一定的利益矛盾。对于企业来说，他们的主要目的就是为了获得最高利润，而为了达到这一目标，他们很可能会牺牲员工的健康，不考虑消费者的权益，甚至是危害生态环境，导致产权主体无法获得自身的合法权益。为了避免这些情况出现，相关部门必须发挥作用，建立健全有关法律制度。然而，在法律执行过程中，因为部门资源不是非常充分，再加上要制定约束机制等其他问题，还是无法达到预期的目标，很容易造成中小股东的利益被侵占。

因为企业的控制权在大股东的手中，所以大股东有权决定企业的所有重大决策。他们是以自己的利益为目标，不重视其他相关者的利益，而这种情况会导致企业发展受阻，在有的情况下，还可能被市场淘汰。所以，针对这些情况，企业实行社会责任审计非常有必要。能够使得大股东的社会责任感得以加强，让他们不仅重视自身的利益，同时也能够关注其他相关者的利益，比如中小股东、债权人等。建立健全企业流程，为企业打造更好的内外环境，使企业得到利益相关者的认可，获得利益相关者的支持，为企业的可持续发展提供坚实的保障。除此之外，因为公司的业务越来越多元化，发展绩效越来越显著，那么股东利益也会不断上升，从而形成股东与其他利益相关者的"多赢"共存的局面。在筛选审计师的过程中，企业也会重视会计师事务所的社会声誉和知名度，以此来确保审计报告更加准确有效。

Diamond 和 Verrecchia 提出，信息不对称问题可以通过信息披露来缓解。作为投资者，要确保作出的决策更加准确合理，那么就必须考虑多方位的信息。截至目前，审计工作的主要领域依然是财务会计，而将审计范围拓展到社会责任领域也是有必要的。从中小股东角度来看，企业社会责任审计有利于帮助他们更全面的掌握企业的具体情况，使信息不对称问题得以缓解。企业社会责任审计信息是中小股东作出决策的重要参考。Schnietz 提出，如果企业的经营遇到了危机，在这样的情况下，假如它可以积极的承担社会责任，那么其股价也不会大幅度的降低。Becchetti 和 Ciciretti 把样本公司划分成两个部分，一部分是普通股，另外一部分是社会责任股。分析了两部分在股票市场的具体表现，得到的结论是，社会责任股的回报率以及风险都比较低。针对企业的社会责任履行情况，社会责任审计对其进行相应的监督和评估能够使公司的盈余管理行为变得更加规范有效，有利于切实维护中小股东的合法权益。

第四章
理论分析与研究假设

1　公司治理与第二类代理问题研究

　　站在中小股东的立场上，如果公司内部治理是完善的，那么在大股东侵害中小股东利益的问题上应该有所抑制。如果公司没有形成合理的内部控制机制，大股东就可以借助"资源输送"随意侵害中小股东的利益，中小股东在公司制度中无法寻求任何保护。在这种情况下就没有投资者愿意投资该公司。为此，必须完善公司内部治理机制，确保中小股东的权益得到保护，而大股东虽然依旧有办法获取更多利润，却只能采取更隐蔽的方法。当公司内部治理机制相对完善，并且中小股东权益保护相对充分时，大股东只能通过攫取超过其现金流权比例以外的非正常收益，公司"内部人"通过给自己定高薪、将亲属安排在公司管理层或运营一些低效性、浪费性的工程项目来追求私利。

1.1　股权结构与大股东掏空行为

　　将公司治理做到极致，公司的所有权就可以实现合理配置，而控制权也能有效分配，这一切都取决于股权结构。它不仅确定了所有人在公司的位置，还决定了所有者和其委托的管理者之间的关系。基于特定股权结构，公司的控制权究竟在谁的手上一目了然，究竟谁有资格争夺公司管理权同样是清晰的。一方面，公司治理的前提是已经确定的股权安排，随着股权结构发生改变，公司治理也会发生转变；另一方面，采取什么股权形式，建立怎样的股权结构，都是由公司治理配置的。因此，公司治理是建立在股权结构之上的，只有让股权结构合理化，才能形成有效的公司治理，当公司治理变得科学，中小股东的权益才能得到保护。按照这个逻辑，要想中小股东的利益不被大股东侵害，首先要着手构建出一个合理的股权结构。

所有权结构作为公司治理的重要制度安排，当公司股份较为分散时，大多数股东认为能够通过"搭便车"来实现对公司的管理监督，从而导致"无人值守"的管理。所以，一旦缺乏有效监督，管理层就可以利用手中的权力获取私利。同时，由于中小股东持股较少，无法获得控制权。当公司的股权比较集中时，大多数中小股东选择采取"搭便车"的方式来节省自己的监管成本，公司管理层在很大程度上依附于大股东，大股东有能力通过各种手段从公司谋取私利，侵害中小股东利益，第二类代理问题凸显。

股权结构主要指股权构成。股权构成是指出资组成股份公司的股东性质，股东可以是国家、一般法人、控股公司、机构投资者、个人等，其中大股东的性质一般关系到中小股东参加公司治理的目的和他们的权益保护状况，对中小股东权益保护有重要影响。如果企业的大股东是另一家企业，那么在股权的联系下，两家企业之间必然会存在某种交易。大股东之所以要占据控股位置，就是希望两家企业的业务往来可以长期稳定，只要股权结构是稳定的，公司股票就不会落入竞争者手中。这样一来，就可以在很大程度上避免出现短视操作，而把精力放在如何使企业得以持续发展。在企业日常经营方面，大股东通常并不插手，除非企业经营业绩出现显著下降，或者企业需要作出重大经营决策。如果企业由非银行金融机构控股，在行使股权的时候，该股东同时是分散投资者的代理人，存在双重身份。一旦该机构与分散投资者出现矛盾，就势必会损害后者的利益，要么让企业出台有利于自己的决策，要么大量抛售股票，造成股价快速下跌。如果企业的大股东是银行，那么该银行会利用股权和为企业发放贷款形成的债权强化自身对企业的控制。

1.1.1 两权分离度与大股东掏空行为

所谓"两权分离度"，指的并不是传统公司治理研究意义上的"所有权与经营权的分离"，而是在金字塔股权结构等模式下，由控制权与现金流权的不对等所导致的剩余索取权与剩余控制权之间所产生的偏差。站在终极股东的角度看待"两权分离度"就是控制权和现金流权的分离程度。这种偏离会加剧大股东和中小股东之间的矛盾。LaPorta 等（1999）选取了 27 个高收入国家进行分析，发现其中 64% 的大企业都存在大股东，他们牢牢把持着公司的控制权，拥有的权力早已超过了现金流权。

现金流权是指股东凭借手上持有的股份获取利润分配的权力，大股东只能凭借手上的股份获得公司部分利润分配，但是其对公司的控制是绝对的。股东为了自身利益不因经理人的违规操作而受损，往往会对其进行监督，但是并不是所有人都参与这项工作，监督的成本由实际监督人承担，而这项工作所带来的收益却是惠及所有股东。对于中小股东来说，持股较少、在股东大会上几乎没有话语权，对经理人的监督既没有动力也没有能力，因此，采取"搭便车"和"用脚投票"的策略将是广大中小股东的最优选择，而这种行为实质上已经将监督权以非契约的形式交给了大股东。因此，如果大股东持有的股份数量较少，监督经理层的动机就较小。但随着大股东所持股份数量的增加，获取更多现金流权，大股东和公司的利益就会合并，中小股东对管理层进行监督的动力也就更加充足，从而缓解了股权分散情况下小股东"搭便车"所引发的第一类代理问题，公司治理效率提高。

控制权是指对企业重大决策投票的权力。控制股东的控制权包括两类：直接控制权和间接控制权。众所周知，一股一票是最优选择，但是金字塔股权结构、交叉持股等持股方式的产生使终极控制股东对上市公司所拥有的控制权和所享有的收益权产生了偏差，即风险与收益不对等。这种偏差越大，大股东与公司利益就会产生分歧，在最极端的情况下，大股东会利用自己的控制权为自己谋取最大私利。用 Johnson 等（2000）的话说，就是大股东"掏空"公司，全面侵占中小投资者的利益。

产权理论认为，企业所有权可以划分成两部分：剩余控制权和索取权。股东拥有多大的现金流权，就意味着有多大的剩余索取权；拥有多大投票权，就意味着拥有多大的控制权。如果股权非常分散，矛盾的焦点集中在股东与经营者之间，"内部人控制"变得十分明显。随着大股东控制权的不断增加，大股东追求自身控制权牟取私利的动机和能力也在不断加强，大股东利用手中所握有的权力来损害中小股东利益以实现自身私利的行为就成为必然。股权集中情况下的代理问题就转化成了大股东与中小投资者之间的矛盾。金字塔股权结构所导致的控制权与现金流权的分离会加剧所有权集中所产生的代理问题（Shleifer and Vishny，1997）。

如果股权结构呈现金字塔形态，即使大股东拥有的现金流权是有限的，但是可以获取上市公司足够大的控制权。也就是说，花费较少成本获取的控制权可以为大股东带来最大的利益。在此情况下，大股东完全可以按照自己的意识制定公司决策，并且将公司利益变成自己的私人利益，如果公司出现损失，大股东却只需要承担部分损失。因此，大股东有足够的动机利用手中的权力来获得中小股东所不能得到的控制权私人收益。

由此可见，当控制权与现金流权出现偏差，大股东就需要在获取私利和股东共同利益中间寻找最佳平衡点。控制权私人收益是只能被大股东独占而将其他股东排斥在外的收益，主要包括：高额的薪水、豪华的办公场所、根据自身利益所制定公司决策的权力以及从管理下属中所获得的精神上的享受和娱乐等（Bebchuk and Kahan，1990）。不仅如此，终极控制股东有时还会利用资产销售和转移价格、贷款担保、发行稀释性股票、关联交易等行为来满足自身私利，这些行为势必会侵害中小股东的利益（Johnson et al.，2000）。当大股东的现金流权和控股权越来越偏离，这种侵占行为动机也就会变得越来越强烈（Claessens et al.，2000）。

由此可见，如果企业的股权结构呈现金字塔形状，大股东所拥有的现金流权和控制权就会出现偏离，偏离程度越高，大股东就会产生越强的侵占动机，凭借手上的控制权随意侵占中小股东的利益。基于上述理论，本书得出以下假设。

H1：两权分离程度越高，大股东"掏空"程度越高，越不利于中小股东权益保护。

1.1.2　股权集中度与大股东掏空行为

当大股东获得更多股份，就会对他们产生一种激励，让他们产生提高公司价值的动机。大股东会选择加强对管理者的监督，因为这对于他们来说是有利的。当股权集中在少数股东手里的时候，原本的"搭便车"现象也会随之弱化。基于这一点，可以发现，公司拥有大股东存在一定的好处，即公司价值更容易增加。但是对于大股东而言，要做出有利于公司价值增加的行为，必须有一个前提，那就是他得到的激励足够大，比如拥有更大的现金流权。La Porta 等（2002）认为，增加现金流权对于大股东具有一定的激励作用，这一点也在其文章中得到证实。当大股东获取了足够大的现金流权，公司利益受损也会导致其自身利益受损。

可是，如果一家企业的股份过于集中，又势必引发股东之间的矛盾。如果绝大多数股份都掌握在大股东手中，中小股东就无法享受股东应有的权益。在此种情况下，大股东还是会利用手中权力为自己谋私利。中小股东的利益依旧得不到保障（La Porta et al.，1999）。比如大股东可以利用手中权力转移公司利润，将这部分利润变成自己全资公司的利润，这样一来所有的利润就会被大股东独吞，而中小股东分不到任何利益。

由此可见，大股东的持股比例对侵害行为存在两方面影响。Jensen 等（1976）认为，管理者持股比例存在两个效应：利益侵占效应和利益协同效应。这两种效应在大股东身上也存在：一方面，如果大股东本身持有的股份不多，在持股比例增加的情况下，他侵占中小股东利益的动机也会随之得到强化，继而作出严重的侵占行为。原因在于持股比例的增加会导致大股东拥有更大权力，侵占中小股东利益变得更容易。这种效应也被称之为"壕沟防御效应"。另一方面，如果大股东原本持有的股份就相当多，公司的控制权已经完全掌控在他的手中，这时候持股比例再上升，反而会降低其侵占中小股东利益的动机，中小股东的权益反而在一定程度上可以得到保障。这也就是利益协同效应。Claessens 等（2002）选取了东亚 1 301 家上市公司进行研究，这些公司分布在 8 个国家。在研究中着重分析了控制权和现金流权的关系。如果第一大股东的现金流权增加，公司价值也会随之上升，也就是说出现了利益协同效应。但是，如果第一大股东的控制权足够大，但是他的现金流权却是有限的，这时就会出现壕沟防御效应，大股东会用手上的权力谋取私利。La Porta 等（2002）认为，如果公司出现股权高度集中的情况，反而会让中小股东的权益得到保障。如果大股东持有的股份占比足够大，他要是想"掏空"企业，需要耗费更多时间。李增泉等（2004）认为，如果股权结构处于两种极端状态：股权过于集中，或者极度分散，大股东都不会产生强烈的侵占动机。如果大股东已经拥有了掌控公司的控制权，将公司利益变成私人利益的动机反而会削弱。如果股权足够分散，大股东想要侵占中小股东利益，其实存在较大的成本，这无疑也会削弱他的动机。如果大股东持有的股份比例不够高，股权结构还会对其关联交易进行限制。

国内的上市公司很多原来是国有企业，在改制之后变成股份制公司。为了保证公有制在这些上市公司中依旧占据主体地位，这些公司即便已经上市，国家依旧是这些企业的大股东。从这个角度来看，之所以国内大部分上市公司存在大股东，也是源于特别的经济环境。对于大股东持股的比例，法律并没有给出强制规定，作为大股东在持股比例上存在较大的选择空间。如果公司上市之后，原国有企业依旧占有控制权，那么上市公司和原国有企业的关系依旧十分紧密，但实际上双方并没有多少业务往来。在国内，大股东对上市公司拥有绝对的控制权，这一点已经得到公认。但是当大股东的持股比例足够高之后，再增加持股比例并不会对控制权产生较大变化，反倒是会让现金流权实现快速上升。这样就会导致两种权力偏差的程度得到缓解。这种情况下，控制权与现金流权的分离程度越低，利益侵占行为效应越弱，利益协同效应越强。资金占用是大股东最直接的掏空行为方式，对股权结构变化的反应是最为敏感的。

资金占用作为控制权私人收益，具有排他性。表面上看来，大股东通过资金占用能获得更高的收益，但是随着国家相关部门对大股东资金占用情况的重视以及出台了一系列的打击措施，大股东利用资金占用"掏空"公司的机会在减少，难度在加大。此外，大量占用上市公司的资金，很容易拖垮上市公司的前进步伐，阻碍上市公司的发展，引起中小股东的抗议，反过来也会影响大股东持续掏空行为的实施。随着持股比例的增加，虽然使得大股东选择资金占用这一掏空行为的能力增强，但是同时也使得其资金占用行为更易于为外界所察觉，被监管机构发现，增加了其掏空行为的成本。在经济人的假设下，本书认为大股东在实施掏空行为时，会衡量掏空行为所带来的成本效益，即为了能长期对上市公司实施"掏空"并获得当期收益，大股东在当期实施"掏空"时，会在不同的掏空行为中进行权衡，以使自身利益最大化。因此，如果大股东增加持股比例，反而不会占据过多的公司资金。

2006年股改后，虽然大股东资金占用的情况相对于前几年而言有所缓解，但是掏空行为仍然存在。大股东有多种方法将公司"掏空"，并且这些方法十分隐蔽。如果大股东持股比例较高，为了让自己获得更多利益，就会借助关联交易将公司财富转移到自己口袋，这样做无疑等于将其他股东的利益变成自己的私利。如果大股东拥有足够高的控制权，还可以指挥管理者进行上述操作。在国内的上市公司中，关联交易普遍存在，只不过程度各异。我国"一股独大"的股权结构更是为这种利益输送提供了"温床"。大股东控制权越强，关联交易、关联担保行为的开展越水到渠成。当关联交易受到大股东自利动机的影响时，就成为大股东中饱私囊的工具。大股东为了中饱私囊可以采取各种盈余管理方式，他们既可以增发也可以配股，还可以用非公允价格转移利润。无论是哪种操作都会导致公司业绩出现问题，达不到原来的盈利水平。Johnson等（2000）指出，这种"掏空"公司的做法不仅会导致公司价值下滑，还会损害中小股东的利益。如果投资者缺乏保护，这种操作还会更加随意。Claessens和Fan（2003）认为，哪怕某些地区对投资者的保护比较周到，依旧无法保证企业之间不进行关联交易，因为这种方式足够隐蔽。集团内部的产权关系更为复杂，信息不对称程度更高，这些都影响了外部市场的监督和投资者的识别，从而给大股东提供了一个极好的途径，将现金和利润从集团成员转移到自己的腰包里。

然而，针对关联交易的作用也存在两种观点：效率促进观和"掏空"

观。效率促进观认为，发展中国家存在着不发达的市场环境，集中表现为经济活动中缺少必要的基础服务，导致交易成本高昂（Khanna and Palepu，2000）。在这种情况下，通过关联交易能够降低交易成本，提高效率。关联交易还能降低经济活动中的信息不对称程度和不确定性，克服交易过程中的各种困难（如机会主义行为和违约风险），增强公司规避法律约束、避税的能力（Claessens and Fan，2003）。"掏空"观主要关注的是关联交易，以及这种做法产生的冲突。关联交易是大股东侵占中小股东利益的有效方法（Ryngaert et al.，2012）。大股东借助关联交易获取大量财富，并改变原来公司的治理结构，导致中小股东被"牺牲"。Chen 等（2011）指出，关联交易还有其他功能。一些上市公司无法达成盈利标准，就借助关联交易进行盈余管理，让上市公司的盈利突然提高。Chen 等（2012）认为，关联交易是上市公司参与竞争的一种手段，越是竞争激烈的市场，这种操作越频繁。更多的学者则关注的是基于掏空行为的关联交易。在实证研究方面，Jian 和Wong（2004）认为，通过大量甚至异常的关联交易，大股东能够将公司资源源源不断地转移至自己手中，导致公司业绩下降，这一情况在我国资本市场时有发生。余明桂和夏新平（2004）认为，在关联交易的帮助下，公司的资源会被大股东转移走，包括中小股东的利益。贺建刚和刘峰（2005）认为，大股东持股比例较低时，关联交易就会表现为侵占行为效应，随着大股东持股比例的上升，关联交易则会支持公司业绩提升。郑国坚（2009）认为，关联交易看上去会让上市公司的盈利快速增长，但实际上损害了上市公司的利益。Cheung 等（2009）利用事件研究法，发现关联交易虽然对公司有促进的作用，但更多表现为"掏空"效应，而且滥用关联交易会最终损害公司未来业绩（Zhu，2012）。本书认为，和关联担保一样，关联交易，特别是上市公司作为利益输出方的关联交易，将使中小股东承担着较大的风险。

关联交易问题众多，最典型的包括五类：①大股东凭借手中控股权对公司资产进行置换，并联合多种方式"掏空"公司；②采取关联交易进行业绩包装，然后换取配股资格；③借助关联交易制造炒作题材，以此操作二级市场价格，从中套利；④借助关联交易进行利润转移，避免缴纳更多税收；⑤包装上市公司，以此作为担保，从银行获取融资。相对于公开市场交易而言，关联交易是在非竞争的环境中进行的，交易价格、方式等条件，在有心人的操纵下，很有可能对关联方有利，而对公司股东，尤其是中小股东的利益产生损害。比如两个关联公司进行商品交易。关联方以市场价或者低于市场的价格购入原材料，再通过高价卖给上市公司。等到上市公司生产出产品之后，再以低于市场的价格销售给关联方。这样一来一回，关联方就赚取了双倍不正当利益，而上市公司的利益遭受损失。

持有股份占比不同，利益来源也存在差异。大股东主要依靠获取公司的剩余收益，而中小股东则盼望着公司股价在二级市场上涨，通过低买高卖获取价差。如果一个公司没有发展潜力，就意味着难以获得高额剩余收益，那么大股东就会考虑进行关联交易，将公司利益以隐蔽的方式转移到关联方，或者由上市公司承受关联方的风险。也就是说，如果上市公司本身缺乏成长性，大股东侵占中小股东利益的动机就越强烈，就越容易开展关联交易。

针对以上两种"掏空"方式的不同，本书提出了两个不同的假设。

H2：第一大股东持股比例增加，资金占用程度降低。

H3：第一大股东的持股比例和关联交易以及担保程度呈现出正相关。

1.1.3　第一大股东产权性质（国有、非国有）与掏空行为

国内证券市场与西方存在明显差异，它的成立和国企改革是背道而驰的。这就导致国内的资本市场存在一定的特殊性，不能简单用西方证券市场理论来解释国内上市公司的操作。1990 年前后，国家出台多项政策，规定了国有股权管理问题，这些政策目标一致，就是要保证公有制在国有企业中得到维护。也就是说，即便国企进行了改革，但是大股东依旧是国家。在研究国内上市公司控制人的时候，赖建清（2004）认识到，上市公司 77％ 以上的股份都掌握在国有股东手中，他们拥有 47.57％ 的表决权，几乎把控着上市公司。上市公司中，只有不足 23％ 的股份被非国有股东掌握，他们拥有 33.27％ 的表决权，离控股的距离较远。59％ 以上的国有控股股东都是独资母公司。

国内上市公司中普遍存在"一股独大"现象，这无疑会对管理带来诸多阻碍。首先，大股东如果不按照制度操作，把上市公司作为自己的"提款机"，在财务、资产和人员上实行"三不分"，凭借关联交易获取大量财富，导致中小股东利益被忽视。其次，国有股东忽视自身肩负的监督责任，对上市公司经营者缺乏管理，以至于经营者也会采取不合法的手段中饱私囊，"内部人控制"已经成为不可忽视的问题。再次，企业对管理者和员工都没有采取有效的激励方式，导致整个公司的经营缺乏效率，很多公司已经被"掏空"，中小股东利益得不到保障。曹延求（2005）认为，由于国有股权无法自有转让，国有股东侵占行为非常随意，而公司治理无法发挥应有作用，即便让外部接管市场，原有的问题也无法被消除。就目前来看，上市公司已

经完全掌握在国有股东手中。

David D. Li（2000）指出，我国的国有企业在经营上存在很多问题，公司对市场形势缺乏关注度，对盈利问题没有过多考虑，反而会雇佣大量无所事事的员工，同时和政府建立紧密的合作关系。刘建民等（2004）采用实证分析的方法研究沪、深上市公司，他们主要考察了股权结构、关联交易以及公司业绩。从研究结果来看，股东不同，股权控制类型存在差异，会显著影响公司绩效以及关联交易量。如果公司的股东主要是社会法人，股权较为分散，那么业绩相对较高；而如果公司的法人为控股型公司，效益虽然比不上前者，却要好过国有企业。如果上市公司中存在大量国有股，就意味着会有大量关联交易。一方面，国有控股公司在盈余管理过程中不得不使用关联交易，只有呈现出良好的效益才能获得更多融资机会；另一方面，国有控股大股东存在严重的利益转移问题，一些上市公司被直接"掏空"。基于这些理论，本书提出以下假设。

H4：相对而言，国有控股大股东对中小股东利益侵占的程度要高于非国有控股大股东。

1.1.4　股权制衡与大股东掏空行为

股权制衡所制衡的对象主要是大股东。如果形成制衡结构，就意味公司由两个及两个以上大股东共同拥有控制权。由于相互牵制，每个人都受到其他的人的监督和牵制。Laeven 和 Lcvine 认为，至少有 33% 以上的企业存在这种股份结构。随着企业规模不断扩大，分权治理成为必然，公司权力开始下放。在分权而治的情况下，只有实现各权力主体之间的相互制衡才能保证组织的高效运转。监督无法解决的问题就是无法实现对最高权力者的监督。因此，在公司层面，最高权力层级必须采取制衡型的股权结构加以约束。股东大会是上市公司的最高权力机构，它在权力上的分配就会要激励大股东，让他们愿意积极参与到公司治理中。

在经济学中普遍存在一条假设，就是无论持有多少比重的股份，股东都是理性人，在决策时都会选择对自己最有利的做法。如果公司股份主要掌握在少数大股东手中，那么大股东与中小股东存在不同的利益目标。但由于大股东绝对控股，并且在董事会中居于绝对主导地位，因此大股东的掏空行为总能得以顺利实施。如果公司不止一位控股股东，事情就会发生变化，是由多名大股东共同拥有控制权。这就意味着大股东并没有占据绝对优势，而是与中小股东拥有的实力相当，双方之间可以相互牵制，形成制衡。在进行重大决策时，需要由各位大股东共同参与，不是某一个人就可以直接做决定的。公司存在大量集体决策，要想取得私有收益，需要耗费过高成本，于是大股东使用非法手段获取利益的动机明显降低，也不会肆无忌惮的侵占中小股东权益。因此，若大股东的掏空行为能够得以实施，必须满足：非大股东在大股东"掏空"后获得的收益，必须不低于非大股东联合起来共同阻止大股东掏空行为后所获得的收益，否则掏空行为就不可进行。可见，只有建立制衡型的股权结构才能保证股东有效地行使权力。

其他股东会采取一定的措施维护自身权益，比如"用脚投票"，也可以将所有权集中，监督大股东（Pagano et al.，1998）。Shleifer（1986）在分析这一问题的时候构建了模型，从验证结果来看，公司大股东联合起来牵制大股东，这种操作不仅可以维护自身利益，对于中小股东也具有保护作用。这种机制让大股东加强了对大股东的监督，形成一种平衡（Pagano and Roel，1998）。当大股东受到严格的监督，其掏空行为就会被抑制，这一点在国内外上市公司均已得到充足的证据。Faccio 等（2001）将欧洲各国的上市公司作为研究对象，他们发现，如果第二大股东持有足够高比例的股份，公司就会有更多剩余利润用于分配。Volpin（2002）研究了意大利公司，发现如果建立大股东联盟，一旦公司业绩恶化，就可以轻松换掉高级经理。Maury 等（2004）也得到了类似的证明，即如果公司存在多个大股东，公司价值就会明显提升。

基于理论分析可以得出一个结论，那就是如果公司存在多名大股东，且这些股东持有的股份比例完全可以与第一大股东匹敌，那么大股东就会建立联盟，对第一大股东加强监督，当然他们也很有可能与第一大股东进行合谋。在监督的作用下，第一大股东即便想"掏空"公司也会受到几分限制。如果大股东们与第一股东进行合谋，又需要在内部重新协调，这无疑也会让"掏空"公司的做法产生更高成本。Bloch 等（2001）构建模型，从其分析的结果可以看出，如果一个公司拥有不止一个大股东，每个大股东都会有效使用控制权，大股东之间存在相互制衡的关系，他们相互竞争在一定程度上避免了中小股东利益受损。Bennedsen 等（2000）认为，当企业存在多名大股东，第一大股东往往不会利用控制权获得私人收益，这种单独行动只会引发股东之间的矛盾，不利于获取更多投资。由此可见，股东之间的相互监督会防止出现"掏空"公司的行为。此外，如果中小股东拥有强大的力量，对大股东的监督会更有效。唐跃军等（2010）在研究中认识到，如果股东之间存在较强的制衡，就可以增加董事会中独立董事人数，这样就可以引入外部监督加强对大股东行为的约束。张宗益等（2007）发现，对于高新技术企业而言，独立董事的存在对于研发投资有很大帮助。因此，构建良好的大股东制衡机制，提升其他大股东的治理能力，促使其积极参与公司治理对大股东进行监督与制衡，可能有助于降低第二类代理问题所涉及的代理成本。由此，本书提出以下假设。

H5：股权制衡程度越高，对大股东掏空行为的约束力量越大，有利于保护中小股东权益。

1.2 董事会和独立董事与中小股东权益保护

1.2.1 董事会规模与大股东侵占行为

Jensen 等（1976）认为，代理问题的根源在于公司控制权与所有权分离而产生的信息不对称。代理人直接从事公司经营，拥有的信息更加丰富，凭借这一优势产生了机会主义行为。因此，只有公司治理结构健全，才能有效避免这些问题。股东依靠董事会与经理人建立联系，作为公司治理中的重要组成，董事会需要对整个公司运行负责，它是否有治理公司的能力，关系到股东最终能否取得收益，也直接表现在公司的业绩以及在资本市场上。如果董事会能够有效监督经理人，对公司重大决策作出正确判断，公司必然会取得良好发展，最终受益的是全体股东。董事会的工作立足公司整体，不会深入了解公司经营的细节，但是代表股东聘请有才能的经理人，对他们的经营行为进行监督，作出评价，如果经理人无法有效管理公司，甚至牺牲公司利益，董事会有权与其解除聘用关系。如果高管对公司存在疑问，董事会可以给予必要的咨询解答。

董事会的人数会对公司治理产生影响。1990 年之前，不少学者在研究中认为，应该增加董事会人数，这样董事会在开会的时候就可以从多角度思考问题，作出更准确的判断，让企业获得更好发展，企业外在形象也会得到改观，同时还可以避免董事会被某一个人控制的情况出现。而且，董事会人数多就不会出现任人唯亲的现象，真正有能力的外部董事能够脱颖而出，承担重任。可实际上，单纯增加董事会人数，公司治理的效果反而会大打折扣。原因就在于当人数增加后，董事会开会商量某个问题会增加沟通成本，办公效率明显降低，导致董事会原有的功能不能有效发挥，公司的发展必然会受到影响。不仅如此，如果董事会规模过大还存在另外一个问题，那就是机能障碍，也就是说，董事会成员即便认为总经理出现了错误的举动，却也不愿意直接说出来。

董事会人数多少会影响其发挥作用，也会成为信息披露的一个重要影响因素。人数庞大的董事会和人数屈指可数的董事会都会在信息披露上存在问题。如果董事会规模适当，反而会提高办事效率。这是基于组织行为学和代理理论得出的结论。Lipton 等（1992）认为，董事会人数越多，其拥有的监督能力也会越高，但是会花费更多时间进行组织协调，导致弊大于利。也就是说，增加董事会人数确实会带来一定好处，只不过降低决策效率，很多决定会变得更加拖拉，又会给公司经营带来损失，两相权衡，董事会还是应该控制规模，最多不能超过 10 人，理想状态是 7～9 人。Jensen（1993）认为，如果董事会人数太多会造成内部控制失败。如果董事会维持在 7～9 人，公司业绩会提高，一旦超出这个人数，发挥职能的难度会上升，最终董事会的权力会落入少数人手中。Changanti 等（1985）认为，如果董事会人数较少，控制职能将得到更好的发挥，如果董事会规模较大，往往需要花费很多时间进行沟通协调，反而给管理者有机可乘。Beasley（1996）对比了财务存在舞弊的公司以及财务不存在舞弊的公司发现，董事会规模越大，公司财务越容易出现舞弊行为。Vafeas（2000）分析公司盈余和投资者购买股票所得的关系发现，董事会规模以及董事会中外部董事的人数占比会对盈余信息产生影响。如果董事会人数越多，盈余呈现的情况越糟糕。在国内，孙永祥等（2000）在沪、深两市选取了 517 家 A 股上市公司进行研究，发现国内上市公司的董事会规模和盈余也存在关联，两者呈现负相关关系。王克敏等（2004）从沪、深两市选取 256 家公司作为研究样本，将其分成两组做对比研究，其中一组的 128 家公司均为 ST 公司，这些公司之所以经营出现问题，其中很大一部分原因在于董事会规模过大。

　　综上所述，董事会应该限定规模，如果人数太多，会导致沟通效率降低，办事拖拉现象出现，对公司日常经营的监督也难以协调。董事会对一个企业的发展起到至关重要的作用，它需要对经营者进行监督、评价、选聘，决策公司重大事项等。一旦董事会规模太大，成员之间对某些问题商量的时间也会加长，沟通难度上升，监管工作也会降低效率，容易给关联交易创造条件，导致大量股东的利益受损。由此，本书提出以下假设。

　　H6：董事会规模越大，大股东侵占程度越高，越不利于保护中小股东权益。

1.2.2　独立董事制度与大股东掏空行为

　　2004 年 9 月，证监会出台文件要求对中小股东的权力加以保护，对独立董事制度给予充分肯定，这意味着国内企业要正式建立独立董事制度。独立董事在公司除了担任董事没有任何其他职务，不会对其他董事判断经营问题产生干扰。

公司治理理论经过实践之后也在不断发生变化，在过去该理论认为，为了降低代理成本，应该设计一个最优契约来化解所有者和经营者之间的矛盾。在设计契约的过程中，需要考虑双方发生矛盾的各种情形，然后相应地采取预防措施。可实际上，初始合同无法做到这么完美，人和环境都在变化之中，这其中存在的状况非常复杂，并不是一开始就能预见的。所以，初始合同对代理人的约束是有限的，而委托人需要拥有剩余控制权和剩余索取权。监管部门认为，要想做到这一点，就要完善制度设计，就需要在董事会中增加独立董事，改变原有董事会的结构。这种改变并不意味着必然会对公司经营产生有利影响，关键在委托代理关系的协调。公司治理需要实现权力均衡，各方势力得到牵制，然而大股东在控制董事会之后会联合总经理掌握公司绝对控制权，将原本的均衡打破。独立董事出现之后，这种情况会在一定程度上避免。企业的任何重大决策都关系到公司的前途，也涉及每一位股东的利益。于是，各方势力都会出于为自身争取更多利益的考虑，在决策过程中展开争夺，降低决策效率，导致利益无法公正公平的分配。独立董事的出现可以对各方矛盾加以调节，减少不公现象。

如果董事会规模较大，独立董事人数有限，那么他们很难起到支配性影响。相对而言，美国公司的独立董事更能发挥作用，原因就在于他们的人数比非独立董事更多，占比更大。这一点需要深入探讨。按照证监会发布的文件，每个公司的董事会中，独立董事的人数不得少于两人，同时在董事会人数占比不能低于20%。如果某个大股东既是法人代表，又是董事长，那么独立董事的比例还应该增加，达到30%。按照证监会的要求，独立董事要在董事会中的占比超过1/3。可实际上，国内独立董事的占比远小于美国，在美国这一比例达到62%。为了保障独立董事有效发声，应该提高独立董事的人数占比，至少应该和非独立董事的人数相当。设置独立董事要真正发挥作用，而非仅仅为了应付规定。独立董事还应该建立专业委员会，将这一组织的权力掌握在自己手上。具体而言，董事会应该包括多个专业委员会，比如报酬委员会、审计委员会、投资委员会等，这些委员会应有独立董事担任委员、出任主席。

综上所述，公司之所以要设置独立董事，关键在于保持决策的"健康性"，保证公司决策真正是有利于公司持续运营，而不是让某个股东中饱私囊。合理设置董事会结构，为的是中小股东的利益得到保障，并且杜绝公司控制权掌握在极少数人手中，造成决策垄断现象。张巍（2002）认为，公司一定要设置独立董事，因为他可以协调大小股东的矛盾。独立董事可以作为仲裁人存在，平衡各方势力，实现均衡合作。内部股东在公司治理中占据绝对优势地位，把握公司控制权，就可以控制董事会，并且侵占中小股东的利益。独立董事的出现会打破这种局面，抑制内部股东行为，中小股东的权益得以维护。如果高管在董事会中拥有了绝对控制权，董事会的监督工作就会变得毫无意义。董事会的存在就要真正起到监督经理层的作用，保证股东利益不受损。但是，由于独立董事存在于双层代理关系中，因此会导致独立董事与股东的激励不相容，因为在独立董事是"经济人"的前提假设下，其一切经济行为都会追求自我效用的最大化。因此，如果谁得到任命独立董事的权力，并且可以让独立董事提高收入，就能够控制独立董事。所以，中小股东的利益不能完全交给独立董事来维护。上述研究表明，在上市公司独立董事制度与中小股东利益保护的问题方面，还存在很大分歧，而且目前关于独立董事对中小股东利益保护到底效用有多少，还需要实证研究才能定论。但随着《中华人民共和国公司法》和公司制度的不断完善，独立董事可以有效发挥其独立监督和制衡作用，从而保护中小股东权益。因此，本书提出如下假设。

H7：独立董事制度的完善程度与大股东侵占、掏空行为负相关，上市公司独立董事制度越完善，越有利于中小股东权益保护。

然而，除了公司治理方面对大股东掏空行为的影响，财务会计信息是抑制大股东和中小股东代理冲突的重要机制（La Porta et al.，1998）。财务会计信息作为上市公司信息的重要来源，可以缓解信息不对称程度，降低交易成本，抑制公司内部控制人的机会主义行为及对控制权的滥用，减少大股东的侵占行为，从而达到保护中小投资者利益的目的。然而，上市公司财务会计信息披露多少、如何披露主要是由内部控制人操纵。他们为了攫取更多的私人收益，通常会利用关联交易、内部交易、担保、抵押等方式转移上市公司利润，侵占资产（Johnson et al.，2000）。为了掩盖这些行为，盈余管理便成为他们的可行之计。这时财务会计信息的可靠性便会大打折扣。要想确保财务信息的真实性，需要建成两个制度安排：外部审计制度和内部控制制度。因此，接下来本书将从内部控制和外部审计两个层面来分析研究大股东掏空行为的有效抑制治理机制。

2　内部控制与第二类代理问题

国内上市公司逐步认识到内部控制的重要性，依照《企业内部控制基本规范》和《企业内部控制应用指引》，开始在公司内部推行该项工作，并且引发了学者的高度关注。有研究发现，内部控制能够提高会计盈余质量、降低审计成本、降低企业债务资本和权益资本、降低企业风险、提高投资效率，这些研究为评估企业内部控制的实施效果提供了重要的经验证据。但由于研究视角所限，有关内部控制是否能抑制公司大股东掏空行为，特别是内部控制通过什么路径来约束大股东行为，仍然值得进行深入考察。

自 20 世纪 80 年代以来，在整个世界范围内转型经济体中股权结构都呈现出股权集中度逐渐提高的趋势，大股东在公司经营与管理中扮演着越来越重要的角色。大股东一旦掌控了公司控制权，就有可能"掏空"公司，谋取私利。在这个过程中，大股东会以较为隐蔽的方式转移公司财产，侵占中小股东利益。从理论上讲，内部控制对大股东的掏空行为有着重要的影响，当内部控制缺失或无效时，信息披露缺乏真实性，公司运行并不透明，不同股东之间存在严重的信息不对称。公司对大股东行为的制约和监管力度也会被削弱，大股东就会有更多的机会抓住现有的制度执行漏洞实施掏空行为。

2.1　内部控制缺陷与两权分离程度

无论西方文献还是我国学术界，都对大股东与中小股东之间的代理问题进行了大量的研究，发现董事会、所有权结构、并购威胁和法律保护等机制有助于缓解上述第二类代理问题。大股东凭借自身的信息优势，采用隐蔽手段转移公司利润，中小股东浑然不知，在毫无察觉的情况下丧失利益。如果大股东的信息优势越明显，就越有可能侵占中小股东利益。股东和管理层通过传递信息建立联系，而信息传递也是股东之间沟通的纽带。企业加强信息传递，为不同股东创造良好的沟通条件，做好信息披露，并公开大股东的信息，让中小股东对其加深了解，弱化信息劣势。公司披露财务信息，让中小股东加强对公司运营的了解，缓解信息不对称产生的矛盾，解决大股东及中小股东之间存在的代理问题，并影响其他公司加快完善公司治理。

Laporta 等（1999）发现，如果公司存在终极控制股东，其本身就会给公司经营产生巨大影响。特别是当终极控制股东的现金流权比不上控制权时，其产生的影响十分可观。Fan 等（2002）对股东的现金流权和投票权进行研究，发现两者如果分离得越严重，会造成会计信息越缺乏透明度。吕长江等（2006）分析了 2004 年托普软件披露的信息，认为大股东之所以出现"隧道挖掘行为"，从根本上说还是因为所有权和投票权之间存在严重分离。如果提高信息披露质量，就可以对中小股东进行一定的保护，公司治理的质量也会得到提高。在这种情况下，管理层难以侵占外部投资者的利益，公司投资风险会降低，原本的信息不对称会消除，逆向选择也会减少，有助于实现资本正常流动。如果上市公司两权存在明显分离，大股东就会形成强烈的侵占动机，这样的动机促使他用手中的权力篡改财务报告，发布虚假信息。马忠等（2007）分析了国内上市公司，并将关注点放在由家族控股的企业，发现这种公司的两权分离很严重，导致信息披露存在诸多问题。邓德强（2011）研究沪、深两市的数据发现，如果大股东的两权存在分离，就不会真实披露信息，自我评价也不真实。这些表明，两权分离的程度越大，会计信息的透明度、自愿性披露的程度、自愿披露内控自我评价报告的可能性越低，内部控制存在的漏洞越大，内部控制缺陷存在的可能性越大。因此，当大股东的两权分离程度较小时，大股东和中小股东利益趋于一致，大股东攫取中小股东利益的动机较弱，其监督内部控制的设计与运行的可能性较大，这会降低内部控制缺陷存在的可能性。如果两权分离较大，大股东就可以凭借少量现金流获取公司控制权，他们利用转移利润、关联担保、资金占用等手段攫取中小股东利益的动机较强，为了保证侵占行为的隐蔽性，大股东常常通过粉饰财务报表来掩盖其侵占行为，这使得财务报表真实性和可靠性下降，说明公司存在着内部控制缺陷。大股东会操纵内部控制信息的披露，使得中小股东不了解内部控制制度，而且大股东凭借较大的控制权使得监事会形同虚设，不能很好地发挥他们的监督作用，他们利用内部控制缺陷为自己谋福利。由此，本书提出假设。

H8：控制权和现金流权之间的分离程度越大，企业存在内部控制缺陷的可能性越大。

2.2　内部控制质量与大股东掏空行为

内部控制属于一种机制，用来保护中小股东的利益，防止其与大股东之间产生冲突。内部控制是企业在业务开展和管理活动中建立的相互制约、相互监督的一系列有效的制度安排，包括控制环境、风险评估、控制活动、信息与沟通以及监控五个要素，目的在于防止差错和舞弊行为，合理保证企业实现经营目标，保护资产的安全完整，提高运营的效率。完善内部控制环境，健全惩罚机制和行为约束机制，可以减少大股东利用内部控制漏洞实施掏空行为的机会。实施风险评估有助于分析和识别企业实现目标过程中的各种风险，包括大股东损害公司及中小股东利益的风险，从而促使企业采取各种措施对大股东的掏空行为进行严格约束和控制。通过信息沟通和监控，监管部门对存在的掏空行为进行处罚和纠正，可以降低大股东在企业实施掏空行为的概率。因此，内部控制必须保证质量，真正约束大股东的行为，对他们起到规范和限制作用，避免公司被"掏空"。

为抑制大股东通过持有和滥用现金资产实施掏空行为，企业需要建立并实施一系列的约束激励机制来保护中小股东利益。近年，我国政府监管部门加大了对企业内部控制建设的关注力度，特别是自 2008 年《企业内部控制基本规范》以及 2010 年《配套指引》相继颁布以来，我国企业掀起了内部控制建设与实施的高潮。因此，各界学者们展开了关于内部控制建设和实施的研究和探索，特别是内部控制对大股东"掏空"的影响成为第二类代理问题的新热点。赵明和马莉（2003）认为，高质量内部控制通过制度控制、市场控制和文化控制三个方面有机融合，能够建立或完善并执行有效的激励机制，实现激励相容，从而协调大股东目标与企业目标之间的矛盾，缓解其与中小股东之间的代理冲突，降低代理成本。谢志华（2009）认为，公司中普遍存在的代理问题，使得其产生了对内部控制最本质的需求。李志斌（2013）从理论上分析了内部控制给投资者关系带来的变化。在公司治理中，内部控制的作用很显著，地位也很重要，它对于调节股权集中问题，缓解不同股东之间的矛盾都有非常重要的作用。从研究结果来看，如果一个企业的内部控制质量得到保障，就意味着公司的管理水平也可以得到提升。如果一个公司的股权比较分散，高质量的内部控制对管理水平提升的力度还会更高。邵春燕等（2015）在对国内制造业上市公司进行研究的时候，选取了2009—2013 年的数据，通过构建模型来分析内部控制和大股东之间的关系，从而证明如果股份集中度较高，在大股东的影响下，内部控制的品质无法保证。当两权分离十分显著，大股东的侵占行为动机也就越发强烈，而内部控制存在缺陷也就成为必然。由此可见，完善内部控制首先要关注大股东。王超恩等（2015）收集了 A 股上市公司 2007—2013 年的数据进行实证分析，从研究结果来看，如果强化内部控制，就可以在一定程度上约束大股东的行为，避免公司股价突然崩盘。张洪辉、章琳一、张蕊（2016）认为，如果公司的内部控制不完善，就会产生大量关联交易。研究表明，良好的内部控制制度能够抑制异常关联交易的发生。喻彪、王祥兵（2017）采用 2009—2013 年我国 A 股民营上市公司的相关数据，实证检验了大股东两权分离与公司现金持有水平及价值之间的关系是否会受到公司内部控制质量的影响。如果出现两权分离，就会影响到现金持有，并关系到内部控制质量。由此可见，要想让内部控制质量得到提升，就需要避免两权过度分离，消除两权分离造成的负面影响。李敏（2017）收集了 A 股主板市场上市公司 2012—2015 年数据进行实证分析，在研究中发现，如果公司内部权力处于均衡状态，那么内部控制的质量较高，而公司也不会出现严重的盈余管理现象。也就是说，当权力得到制衡，内部控制与盈余管理的负相关关系得到弱化。如果股权过分集中，两权分离严重，则会强化这种负向关系。唐庆（2018）认为，如果公司加强内部控制，就会有效避免大股东"掏空"公司的现象。也就是说两者之间的关系是负相关。如果对此做进一步分析就会发现，大股东是否会"掏空"公司受到多方面因素影响，除了内部控制之外，还包括产权性质等。

　　企业如果开展有效的内部控制，可以提高信息披露透明度，避免不同股东之间存在的严重信息不对称，中小股东可以借助信息披露对公司加强了解，而大股东想侵占中小股东的权益也会增加难度。同时，内部控制越有效，信息披露质量就会越高，监管部门更容易发现大股东的各种违法违规行为并采取有效措施。相反地，当内部控制存在缺陷或者无效时，大股东为了获取更多的私人利益，往往想方设法地利用各种漏洞侵占公司的资金或进行关联交易、关联担保、合资经营等，而这些行为又会因为内部控制制度的缺失而不能及时地被发现、被遏制，从而使大股东的掏空行为更为猖獗。

　　综上，公司要想保护中小股东的权力，对大股东行为加以约束，就需要提升内部控制质量。内部控制工作的推进，有助于企业规范经营，提高利润水平，而大股东和中小股东的代理成本也会下降。内部控制的加强不仅有助于企业健康发展，对于整个资本市场稳健运行都会产生促进作用。我国企业内部控制体系已经逐步建立并处于深入实践的过程中，但其能否达到预期效果，充分发挥应有作用却是一个有待检验的问题。本书选取上海、深圳证券交易所 2013—2017 年的 A 股上市公司，再检验了内部控制对大股东两种"掏空"方式的影响和作用。因此，结合之前学者的研究结论，本书提出关于内部控制质量的假设。

H9：内部控制质量与大股东掏空行为呈负相关关系。

2.3　内部控制、股权集中度与大股东掏空行为

内部控制从本质上说就是监督企业内部各个利益主体，让他们在权力上达成制衡关系，保证各方利益都不会受到损害，让企业组织内部各方都遵守已有的规则开展工作。内部控制受到公司治理影响，公司治理为其创造环境，同时又受到股权集中度的影响。如果股权集中度较高，大股东会得到更多保护，但是内部人控制的局面在所难免。大股东可能为侵占公司利益而限制内部控制对信息披露的保障功能，大股东为了避开政治和社会监督，会限制信息公开和流通，从而抑制了内部控制的促进作用，因此必然对内部控制的功能发挥存在重要影响，故本书将其设定为影响内部控制与大股东掏空行为关系的调节变量。从总体上看，股权集中使得企业失去了内部控制功能有效发挥的重要原则——制衡原则，制约了内部控制作用的发挥。

林钟高等（2012）认为，如果第一大股东持股占比绝对高，那么内部控制就会丧失原有的功能。在这种情况下，大股东可以动用手上的控制权操纵董事会，影响管理层，在公司重大决策问题上起到举足轻重的作用。这样一来，中小股东的代理成本会上升，与大股东之间的矛盾也会越来越凸显。在这种情况下，大股东极有可能为了自己的私利"掏空"公司，导致中小股东利益受损。尤其是当控制权和现金流权分离时，控制权侵占效应尤为显著（LLSV，2000），带来的结果是上市公司内控有效性越低（储成兵，2012）。内部控制工作在实际开展过程中受到内部环境影响非常大。在内部环境中，公司治理结构产生的影响是最直接的，如果公司股权集中在极少数人手中，内部控制的质量就难以得到保障。因此，本书提出以下假设。

H10：股权集中度抑制了内部控制对大股东侵占行为的负向影响。

2.4　产权性质对内部控制与大股东掏空行为关系的影响

如果中小股东发现自己的利益受损，就会采取行动，比如抛售股票、放弃股权，以此给大股东施压。可在国内，很多上市公司前身都是国企，即便经过股改，原有的观念依旧存在，企业带着桎梏艰难前进。在上市公司中，股权结构特点呈现出共有产权占据主体，股权集中度高。

在国有企业进行股改之后，原来领导变成董事会成员，内部人控制现象十分典型，董事会一定程度上掌握在大股东手中，更便于操控上市公司运

营。上市公司虽然按照要求披露信息，但是信息的真实性存在问题，违规操作现象普遍存在，导致公司经营业绩波动超出正常范围。董事会及董事会成员出现诚信缺失问题，监事会在一定程度上形同虚设。这主要由于监事会中成员缺乏专业知识，没有较高职位，手上权力有限，根本起不到监督大股东的作用，反而处处受制于董事会。公司集中国有股权，导致这部分股权难以流通，中小股东即便采取抛售股票的方式施加给管理层的压力并不能真正起到作用。所以，大股东忽略中小股东利益的情况屡见不鲜，企业内部经营问题层出不穷。

产权性质在一定程度上可能影响内部控制对大股东掏空行为的抑制作用。与国有企业相比，非国有企业还存在一些制约内部控制发挥作用的因素。首先，国有企业内部控制规范的引入时间较早，大多数国有企业已经建立起比较规范合理的内部控制制度，进一步强化内控制度的价值增量效应较弱。但在非国有企业，内部控制制度的正式引入时间较晚，内部控制制度的运行需要获得大股东认可，内控制度执行的价值增量效应较强。其次，国有企业既要履行经济职能，还要履行一定的社会职能，这也可能在一定程度上降低企业内部控制执行力度。国有企业较多地承担了保障地方就业的职能，与地方政府有着千丝万缕的联系，组织架构的金字塔结构较为典型，这就导致其经营效率不高。再次，在金字塔式的管理架构下，国有企业管理体系缺乏相应的弹性，管理岗位跨度大，部门之间协调性有待提升。从国有控股的上市公司看，国有股长期处于"一股独大"状态，其实际控制人大多为资产管理委员会或其他各级政府部门，对上市公司常常采用行政手段进行管理和干预，这在一定程度上会影响企业内部控制制度的实际效率，对抑制大股东的掏空行为也会产生不利的影响。为此，本书提出假设。

H11：与非国有企业相比，国有企业内部控制对大股东掏空行为的抑制作用的效果会减弱。

3　外部审计与第二类代理问题

为了加强对企业经营的监督，审计作为一种外部治理机制被提出来。它的作用在于降低所有者和经营者之间的代理成本，规避大股东与中小股东之间的利益冲突，对审计委托人提供保护。在很多国家，审计制度都被写入《公司法》等法律之中，对上市公司作出明确要求。每年上市公司在报送财务报告的时候，都需要由外部注册会计师进行审计。针对大股东利用公司控制权侵占中小股东权益的问题，证监会明确要求注册会计师对这一情况给出专项说明，这样做可以对大控股股东的行为加以约束，遏制"掏空"企业的行为。一旦在审计中发现有大股东为了私利侵害公司财产，将予以披露。证监会在对其进行监管的过程中，会着重看待审计结果，并将其作为监管的一项重要参考。

注册会计师出具的审计报告之所以有一定的可信度，能够为企业利益相关者所认可，就在于其具有独立性。这一属性也是审计的本质属性，是审计师必须具备的素质。如果审计师失去了独立性，就意味着丧失了基本职业素养，不再具备从事审计工作的基本条件。作为审计人员，必须坚守独立性，保护中小股东的利益。在审计过程中，审计师不能与大股东存在任何联系，两者相对保持独立。只有注册会计师在独立性条件得以保证的条件下完成审计工作，上市公司中存在的舞弊行为才会被揭露，上市公司经营中存在的重大风险也才会被及时预警，而中小股东的利益才得以保障。在独立性前提下开展的审计工作对大股东掏空行为存在致命打击，它可以向中小股东发出预警，让其抛出股票，及时止损。在这种情况下，投资者才愿意在资本市场上进行投资，市场信心得以树立起来。

大股东如果非法侵占了公司财产，就不得不采取舞弊行为来粉饰会计信息，这样一来，会计信息就失去了真实性。通过审计找出财务数据的舞弊痕迹，可以有效保护中小股东的利益。如果审计质量得不到保障，不揭露上市公司的舞弊行为，大股东就不会受到相应的处罚，中小投资者的利益也就得不到保护。Watts 等（1999）提出，开展审计工作可以有效地打击大股东侵占中小股东利益的行为。审计师在对上市公司财务报表进行审计的过程中，可以全面了解公司的财务状况，通过现金流、经营业绩等诸多数据来判断大股东财务的交易是否是合规的，同时审计工作也可以打破信息不对称，缓解股东之间的矛盾，对大股东行为进行有效监督。这种监督除了可以规范公司运营，还可以为中小股东提供警示。因为有审计的存在，中小投资者可以通过分析上市公司的财务数据进行投资选择（王艳艳，2006），审计结果还可以传达出投资信号，引导中小投资者调整投资组合，按照自己可以接受的风险进行投资。审计的作用就在于披露风险、监管大股东，并且保障中小股东利益。T.J. Wong（2005）认为，在审计的作用下，即便公司治理存在问题，它产生的不足也可以被审计所弥补。如果国家法律对投资者的保护不够强，而审计的质量又足够高，前者的不足同样可以被审计工作所弥补。审计可以让中小股东的权益得到保障，避免企业内部存在激烈的代理冲突。当上市公司的财务信息存在问题，大股东做出"掏空"企业中饱私囊的行为时，审计可以对这些问题进行揭露，上市公司和相关人员都会受到法律的惩罚。

在对审计进行研究的时候存在一个问题，那就是如何度量审计的质量。审计过程并不会被公开，而审计报告具有标准化，对它的质量进行度量存在一定的难度。学术界对此问题进行过研究。然而，在设计度量指标的时候，都是结合审计结果和过程来完成的，最终也只能得出一个间接度量结果。

3.1 股权结构与审计质量需求

中小股东为了抵御或减少大股东侵占其利益，有动机对大股东的行为进行监督，而审计师事务所作为独立的第三方可以客观公正地对公司的经营状况、投资决策等进行审计并出具审计报告，因此独立审计能满足中小股东对其的需求，并且这种需求会随着代理冲突的程度而发生变化。DeFond（1992）认为，越是激烈的代理冲突越需要寻求审计。此时，公司也会对审计的质量提出更多要求。因此，审计虽然是外部监督机制，却也构成了公司治理。审计有助于提升公司管理质量，同时又不会给公司带来损失。不同审计事务所的规模、品牌、声誉等对审计质量也会产生影响（DeAngelo，1981；Watts and Zimmerman，1981；Palmrose，1988），如此一来，公司对审计质量的需求就转化为对高信誉度的审计师事务所的需求。王烨（2009）指出，公司的大股东与中小股东之间的冲突越激烈，公司就越有意愿通过聘请声誉较高的国际四大会计师事务所对公司进行审计，以期为公司传递高质量财务信息的信号。

如果上市公司聘请的事务所质量高、信誉度好，那无疑传出了一个积极信号。在其他条件都保持不变的情况下，公司在选择会计师事务所的时候，会倾向于考虑其质量。审计事务所在提供财务报表审计服务的过程中，依照惯例，还需要对公司内部控制进行全面评估。如果在审计过程中发现企业经营存在问题，会给企业管理者提出建议，帮助其加以改进。当然，审计事务所首先要保证自己的独立性，然后才会开展上述工作，一旦失去了独立性，其出具的审计报告和提出的意见都不够客观。如果审计结果足够客观，那么对于企业完善内部控制提高管理水平会起到实质性帮助。同时，审计工作的开展还会对企业所有人员产生一定的威慑作用。当员工知道自己的工作将面临审计，就会临时改进工作。如果审计足够独立并且具有较高水平，那么大股东也不敢要求财务人员进行舞弊，其机会主义行为会有所收敛。因此，一家审计事务所如果具有良好声誉，就可以发挥作用保护中小股东利益。

3.1.1　第一大股东持股比例与会计师事务所选择

2000 年前后，很多人开始关注大股东对中小股东的代理问题。即便在美国这样的发达国家，也会有很多公司的股权集中在大股东手中，更何况在发展中国家，此类现象更加严重。一些大股东为了自身利益，开始"掏空"公司，侵占中小股东的权益，导致双方的冲突变得越来越激烈。

按照理论，如果存在严重的代理问题，降低代理成本最好的方法就是选择高质量的审计。比如，一些公司为了向境外机构获取融资，或者在境外发行股票或者债券吸引中小投资者，就必须选择高质量审计。大股东占用公司资金，也是"掏空"公司侵占中小股东利益的做法。所以，大股东和中小股东之间的矛盾日益尖锐。对于那些问题严重的公司，会选择品质更高的审计。对此，也存在不同观点。一些研究人员认为，在我国，即便采用审计做法依旧难以获取良好效果。因为很多上市公司在选择会计师事务所的时候，往往倾向于选择本地的"小所"，反倒是没有多少问题的公司会选择质量高的会计师事务所审计。上市公司并不需要审计的质量有多高。这一观点让人们不得不去思考国内审计的选择问题。

在对股权集中和审计需求的研究过程中主要存在两种观点：一种认为两者之间的关系是正相关的，会相互产生正面激励；另一种认为两者之间的关系具有壕沟防御效应。综合起来看，在一个公司的发展过程中，激励效应和壕沟效应是同时存在和发生的。首先，随着大股东持股比例上升，大股东与公司整体利益趋同，其监督和约束管理者的动力也相应加强，从而其与管理者间的代理冲突减弱，能在更大程度上维护其自身利益。王烨（2009）认为，现阶段我国上市公司内部治理机制尚不完善，高质量外部审计这一外部监督机制具有一定的替代治理效应，可以有效制约公司的机会主义行为，降低代理成本。于是，大股东会倾向于聘请高质量的外部审计，以提升公司信息披露质量，维护其良好声誉，增加企业价值。在说到大股东的时候，可以将其具体化为第一大股东。如果其他条件不变，持股比例低的第一大股东和持股比例高的第一大股东受到管理层影响是不同的。后者更希望降低代理成本，在选择会计师事务所的时候也会更注重质量。同时，随着第一大股东持有的股份占比不断提高，其在公司拥有的话语权也在提高。基于这一观点，本书提出假设。

H12a：第一大股东持股比例越大，越可能聘请高质量审计师。

当第一股东拥有越来越多的股权，还会产生第二类代理问题。目前，公司代理问题分成两类。中小股东也会对公司管理层进行监督，防止其侵占自己的利益。但是，现代公司的股份数量非常庞大，中小股东的数量多且分散，因此中小股东普遍存在"搭便车"心理。在维护自身权力的时候，也仅仅会选择用"脚"投票。不论中小股东持有怎样的观点，公司的控制权都掌握在大股东手中。当第一大股东拥有的股份占比越来越高，就意味着其对公司的控制权也在随之增加，凭借手中的话语权，第一大股东可以让管理层做出只利于自己而不利于公司经营也不利于中小股东的行为。许瑜、冯均科（2016）的研究表明，当公司股权较为集中时，大股东会凭借其持股优势操纵管理层，其侵占少数股东利益这一代理问题较为突出，更易出现"隧道挖掘效应"，使公司财富向大股东转移，从而弱化公司内部治理效果。蔡宁、梁丽珍（2003）认为，股权集中度较高的公司发生财务报告舞弊的可能性更大，而且 Gopalan 和 Jayaraman（2012）的研究证实了当大股东持股比例达到一定额度后，往往会通过盈余管理来攫取控制权收益。为了防止"掏空"公司的操作暴露，大股东会隐瞒动机，或者进行财务舞弊行为，对外披露虚假信息。在这种动机的驱使下，大股东不会选择质量高、名声好的审计事务所。当第一大股东拥有的股份占比不断上升，他也就拥有了越来越大的话语权，以至于他可以掌控整个董事会。他手上的控制权可以帮助他"掏空"公司。在这个时候，他需要对外隐瞒自己的行为，防止被监管部门发现，对审计师质量的要求也会降低。因此，股权集中度的"壕沟效应"开始占主导地位。当第一大股东持股比例增加到一定额度，大股东对高质量外部审计的需求降低。为此，本书提出假设。

H12b：第一大股东持股比例与高质量审计的需求呈倒 U 形关系。

3.1.2　股权制衡与会计师事务所选择

公司股权制衡的实现通常是以公司的前几大股东持股比例进行比较来确定的，如果一个公司只有一个大股东具有完全话语权，他就会实际掌控整个公司的运作，其他股东几乎难以对其施以制衡措施来保护公司及自身利益，公司的股权制衡度就非常低；反之，如果一个公司存在前几大股东共同决策控制公司重要事项的局面，那么各大股东之间就形成了权力制衡，任何一个大股东都无法单独决策，公司的股权安排相比较更为合适，外部股东对于公司的监督的动机和能力也会提高。因此，需要由其他股东对第一大股东的行为进行监督，公司内部权益需要达到制衡状态。当第一大股东的持股比例足够大时，就会考虑侵占其他股东利益，而其他股东也会采取行动予以防范，加强对第一大股东和管理层的监督。

在"一股独大"的公司股权形式下，大股东是不会愿意聘请高质量的外部审计机构来挑剔、揭露自己侵害中小股东和公司利益中饱私囊的劣迹,而在有着一定股权制衡度的状态下,其他股东为了能更好地披露和监督大股东,就越有愿望聘请高质量的外部审计机构来进行审计监督。当一个公司拥有不止一个大股东,他们相互之间就可以起到监督的作用。大股东的行为会受到其他几个股东的监督。当然,除非这几个股东的持股比例超过了第一大股东的持股比例,这种监督才会真正发挥效果。在这种情况下,如果第一大股东依旧要侵占其他股东的利益,那么其他股东就会对其加强监督,对其异常行为进行质疑,并收集其"掏空"公司的证据。如果股权制衡达到理想状态,公司更倾向于聘请高质量的审计师。基于此,本书提出以下假设。

H13:股权制衡程度高的公司更可能选择高质量会计师事务所。

3.2 审计质量需求与大股东掏空行为

独立审计可以对公司起到监督作用,也是公司获取融资的担保机制。它可以打破不同股东之间存在的信息不对称,在一定程度上规避委托代理矛盾,将代理成本降到最低。当公司发现代理成本过高,就会存在选择高质量的审计人员的倾向。这一观点已经被诸多实践所证实。国内学者就代理成本与审计需求关系进行了一系列研究,但结论尚不一致。陈汉文(2006)从大股东资金占用的角度研究审计作为一种公司治理机制是否能够发挥作用。经过研究发现,如果大股东在公司内部进行非法操作,严重侵占公司财产,那么公司就倾向于聘请质量较低的审计师。曾颖等(2005)发现,较高的代理成本会驱使上市公司聘请高质量审计师,这样做可以让代理成本降低,从而促进公司获取更高价值。上述文献在得出这些结论之前已经进行假设:公司内部控制已经无法有效降低代理成本,不得不依靠外部审计来改变现状。也就是说,在此过程中,外部审计可以有效弥补内部控制的不足。

按照审计准则,审计风险是检查风险和重大错报风险的乘积。在审计师看来,审计风险出现在财务报表中,是不可控的。如果公司内部控制效率较高,重大错报风险是可以规避的,同时,也会对内部人机会主义的行为有一定的抑制作用。审计事务所也会对公司进行甄别,他们更倾向于选择风险较低的公司,这样不至于在审计失败后承担巨大损失。从这一方面来讲,高质量审计的治理作用更加明显,上市公司选择聘请国际四大会计师事务所进行外部审计,能够传递一种投资者利益受到保护的信号,可以在一定程度上降低代理成本。

外部审计如果质量足够高，有助于提升公司的信誉度，让外部利益相关者产生信赖。因为审计事务所信誉越高，就意味着审计工作的质量越高，披露出的信息也就更加真实。如果外部审计师的水平足够高，声誉也非常好，也会非常爱惜自己的声誉，倾向于选择风险较低的公司开展审计工作。这也有利于降低代理成本，维护中小股东的利益。Watts 和 Zimmerman（1986）指出，审计是一种外部监督方式，它可以降低信息不对称的问题，保证契约正常履行。Jensen 和 Meckling（1976）认为，如果一个公司的代理冲突足够严重，对外部审计的需求也越高，审计可以有效缓解代理冲突。因此，本书提出假设。

H14：上市公司聘请的审计质量越高，其大股东"掏空"行为越少。

3.3 审计供给（审计意见类型）与大股东掏空行为

大股东获取公司信息非常容易，但是中小股东就只能通过查阅上市公司公布的财务报表判断公司的经营情况。如果大股东要侵占公司财产，采用的关联交易方式也会通过年报呈现出来。每年上市公司公布的财务信息都需要进过审计，并由负责审计的会计师事务所提供审计报告，其中会对年报的质量进行评估。

在上市公司看来，大股东"掏空"公司的行为无疑会让中小股东利益受损。如果这一行为被审计发现，并且在审计意见中提到，那么中小股东会立刻更改对公司的看法。站在注册会计师事务所的立场来看待这一问题，如果是由上市公司管理者委托自己进行审计，同时该管理者又是公司的大股东，那么是否聘请该事务所，主动权完全掌握在大股东手中。由于管理层聘请了会计师事务所，公司管理层在很多事项的决策上占据主动，比如审计费用。这就会导致注册会计师出具制衡上市公司的意见。基于这种情况，一旦上市公司采取不利于中小股东的做法，就会立刻引发各方关注。在此过程中承受损失的一方会要求审计人员给予赔偿。基于这一问题，当审计师遇到高风险企业的时候，会倾向于出具低质量报告。

综上所述，大股东"掏空"公司行为会从两个方面对审计产生影响：一方面，大股东"掏空"公司的程度足够高，上市公司严重违规进行盈余管理，审计师难以与公司达成统一审计意见，最终出具的审计意见是非标准的；另一方面，大股东占用上市公司资产，通过关联交易为自己谋利，造成的后果极为严重,公司的正常经营无法继续开展,财务逐渐陷入困境。在这种时候,即便承受巨大风险,审计师出具的审计意见极有可能是非标准的。为此,本书提出以下假设。

H15:大股东"掏空"程度高的上市公司更容易被出具非标准审计意见。

第五章
公司治理与大股东掏空行为的实证研究

1　研究设计

1.1　主要变量说明

1.1.1　大股东掏空行为变量

目前，国内外对中小股东权益保护进行衡量主要从三个方面进行：第一，从信息披露、股东回报、公司价值、公司诚信、潜在侵占行为等方面构建中小股东权益保护评价指标体系，如董潇丽（2013）、曾昭灶（2011）等。第二，从关联担保、关联交易、资金占用、代理成本等一个或两个方面衡量中小股东权益受侵害的程度，从而衡量对于中小股东权益的保护程度，如于亚琼（2012）、张晓艺（2013）等。第三，通过计算大股东攫取的控制权私有收益衡量中小股东权益受侵害程度，如刘剑民（2007）、杨淑娥（2008）、王运芳（2013）等。本书主要从大股东掏空行为的侵害程度方面来寻找中小股东权益保护的关键点。

公司与关联方进行的关联交易，是一种效率极高的交易形式，具有其存在的经济合理性。但相对于公开市场交易而言，关联交易是在非竞争的环境中进行的，交易价格、方式等条件在有心人的操纵下很有可能对关联方有利，而对公司股东，尤其是中小股东的利益产生损害。例如，关联企业采购廉价原材料，以高价销售给上市公司，再通过低价购买上市公司生产的成品，并按照市场价销售出去，从中赚取高额利润。这种操作存在利益输送，无疑会给上市公司带来损失，而且最终损失的是中小股东的利益。大股东侵害中小股东利益的行为大都是通过关联交易实现的，如操纵股价、占用利润、转移资金等。与此同时，公司管理层也会通过与关联方进行内部交易去控制股价、中饱私囊。

当上市公司为关联方提供担保时，便将对方面临的风险捆绑在了自己身上，需要承担潜在的还款义务，提高了自身的或有负债比例，大大增加公司的经营风险、财务风险。一旦关联方陷入困境当中，难以偿还该笔债务，对上市公司而言，潜在义务就变成了现实义务，或有负债成为负债，直接损害上市公司利益。这些损害由股东集体承担，中小股东在未对决议发表意见的情况下，利益就遭到了直接的损失。因此，本书认为，和关联担保一样，关联交易将使中小股东承担着较大的风险。关联交易带来的损失未必是直接的。如果对比两家公司，一家很少存在关联交易，另一家存在大量关联交易，那么后者的中小股东必然会受到更为严重的损失。

本书认为，国内的监管制度有待完善，法律对投资者的保护十分有限，在此情况下，大股东主要采用关联交易来侵占公司财产，损害投资者利益。按照关联交易可能给企业带来的影响不同，可将关联交易划分为公允性的关联交易和非公允性的关联交易。企业间的公允性的关联交易可以有效降低交易成本、减少交易风险等。但是，非公允性的关联交易则会给企业带来不良影响，造成公司价值的损失。本书将涉及的关联交易比例（RPT）定义为上市公司作为利益输出方时与所有关联方企业之间的相关交易的总额占上市公司总资产的比值，此关联交易为存在可能损害中小股东利益的关联交易。这其中包括上市公司租赁、购买、代理关联公司的产品和劳务；上市公司为关联公司提供担保，或者直接为其经营提供融资；双方签订协议，由上市公司向关联公司赠予资产；或者联合开展投资、建立新公司以及损害上市公司的各种交易。这些关联交易是大股东"掏空"上市公司资源、侵占中小股东利益的主要手段，成为大股东进行公司操纵、制造虚假信息披露、攫取控制权私有收益的重要源泉。本书首先选取了上市公司为利益输出方的关联交易总额为主要衡量指标，又分别选取了三个比较具有代表性的指标：向关联方采购（RPT1）、向关联方提供资金（RPT2）和向关联方提供担保（RPT3）来衡量大股东通过关联交易方式进行的侵占行为和掏空行为。

大股东无偿占用上市公司资产发展关联公司，这无疑是对上市公司造成损害的做法，这一点已经引发了各方关注。这种操作直接损害了中小股东的利益。为保护中小投资者，2003年证监会专门发出通知，规范上市公司出资为关联方提供担保的问题。在以往的研究中，该指标的常用计算方式是通过查看上市公司财务报表附表披露的"关联方关系及其交易",需要对其中涉及的各种会计科目进行计算,包括应收账款、应付账款、预付账款、其他应收款、预收账款等。通过核算这些科目的数据,可以计算出关联方究竟占用了上市公司多少资金,以此判断大股东对上市公司资产的侵占程度。本书认为,虽然这样的计算方式能充分考虑大股东和其关联方占用上市公司资金的情况,但由于同时计算了上市公司占用大股东或其关联方资金的情况,在一定程度上,会抵消大股东占用上市公司资金的规模。

在参考其他学者研究的基础上,本书认为大股东往往将非法占用资金计入应收账款等往来款项中,尽管这些款项未必都为大股东占用,但有理由认为,应收账款等款项被占用的风险将会给中小股东的利益带来潜在的损害。根据 Wang 和 Xiao(2011)、Jiang 等(2010)的研究,本书在衡量大股东侵占上市公司财产的时候,选取的衡量指标是其他应收款与总资产的比值。李增泉等(2004)认为,在衡量大股东对上市公司资金侵占程度的时候,应该计算出关联方的应收应付款,并将科目下的数值与总资产进行对比。在他们看来,大股东一般会采取较为隐蔽的方法"掏空"公司。在实际操作中,关联方的应收应付款科目项下并不会披露大股东侵占上市公司财产的事实。因此,如果简单采取这一方式衡量侵占程度,可能会对上市公司的抗风险能力有所低估,在作横向对比的时候没有说服力。为了规避这种情况,也为了确保侵占资金和现金股利政策之间存在稳定关系,在综合权衡之下,业内确定在衡量资金侵占的时候计算出其他应收款,并计算该科目下数据和总资产的比值。

综上所述,本书将关联交易比例(RPT、$RPT1$、$RPT2$、$RPT3$)以及资金占用($OCCUPY$)作为衡量掏空行为程度大小的变量。关联交易过程中占用资金数额越大,占总资产比重越高,就意味着大股东对上市公司产生侵害程度越高,同时意味着公司运行过程中存在高风险,中小股东的利益受损越大。

1.1.2 股权结构变量

(1)股权集中度。如果公司存在多个大股东,第一大股东并没有控制足够高比例的股权,也就是说,该公司的股权相对比较分散,那么该公司不同股东之间就会存在较强的制衡关系,在这种情况下,中小股东的权益反而更有保障。因为受到其他股东的监督,大股东难以进行资产侵占操作。但是当大股东拥有足够高的持股比例,对公司的控制权也越来越大,其他股东已经无法对其产生制衡作用,大股东完全掌控董事会,就会产生侵占上市公司资产的动机,并予以落实。等到大股东的持股比例达到更高水平,反而侵占动机会下降。因此,在关注公司价值和被"掏空"风险的时候,要密切关注第一大股东的持股比例。本书采用第一大股东的持股比例（SH1）来衡量股权集中度。第一大股东的持股比例反映了一个公司的第一大股东的控制能力，比值越高说明第一大股东的控制能力越强，这很可能会损害其他外部投资者的利益。但同时也说明其对公司的管理层进行有效监督的可能性越高。

（2）股权制衡度。本书在衡量其他股东对第一大股东制衡作用的时候，选取两个指标：SH21，就是第二大股东与第一大股东的持股数量之比；SH25 则是第二到第五大股东总共持有的股份占比。这两个指标反映了一个公司其他股东对第一大股东的约束和制衡能力，股权制衡度越高，则为其他股东监督大股东的行为提供了激励，提高了大股东侵占被发现的概率，提高了大股东的侵占成本，约束了大股东的侵占行为，从而保护了中小股东的权益。因此，该值越大，大股东受到的约束就越大，其他股东发挥的作用就越大。说明存在可以有效约束第一大股东行为的其他股东，可以避免公司第一大股东利用控股地位损害其他股东和公司利益。

（3）大股东股权性质（SOSH）。大股东股权性质对其行为会产生一定的影响。通常公有产权企业受到政府的干预更多，企业的目标也更加多元化。因此，如果大股东属于国有企业、国有机构、开发区以及事业单位，那么就定义为国有性质，取值为 1，否则为 0。

1.1.3　两权分离度

本书对大股东两权分离程度（VC）进行研究，并用这一数据来衡量代理冲突的程度。计算两权分离程度的时候，计算出控制权和现金流权的比值（La Porta et al.，1999）。如果该比值越大，说明控制权要远远超过现金流权，那么意味着大股东转移公司资产的动机非常强烈，中小股东投资该公司的风险随之上升。

1.1.4　董事会和委员会变量

董事会规模（BDS），一般用董事会实际人数来衡量。独立董事比例（IND）就是用独立董事的人数与董事会全体人数的比值。独立董事拥有专业委员会的控制权，这样可以保证自己在董事会不至于沦为工具人。董事会下设各种专业委员会，比如投资委员会、设计委员会、战略委员会和提名委员会，这四个委员会被称为四大委员会（COMMITTEE4）。在衡量独立董事制度是否能够在公司起到积极作用的时候，可以计算上述委员会的个数。

1.1.5　控制变量的设计

（1）上市公司的规模（LNSIZE）。不同公司会存在差异，在计算上市公司规模的时候，采用年末账面总资产数值。

（2）上市公司的资产负债情况（*LEV*）。计算上市公司的财务杠杆，利用总负债与年末总资产的比值，即为上市公司资产负债率。

（3）上市公司绩效（*Tobin's Q*）。计算 *Tobin's Q* 就是公司资产的市场价值与账面价值的比值。其中市场价值包括两部分：股价和负债账面价值。股价又包括两部分：流通股和非流通股市值，计算非流通股市值就是用每股净资产乘以非流通股数量。

（4）上市公司的行业分布（*Industry*）。证监会对上市公司所处行业进行了分类，由于金融行业存在特殊性，在研究的时候将其剔除，如果某个上市公司属于金融类，给它赋值为 1，不属于金融行业，则赋值为 0，最终得到 17 个行业虚拟变量。

（5）年度（*Year*）。本书选取 2013—2017 年度的上市公司数据。如果属于该年度则赋值为 1，反之为 0。有关变量名称及定义如表 5-1 所示。

表 5-1　变量定义统计

变量类别	变量名称	变量符号	变量定义
被解释变量	资金占用	OCCUPY	其他应收款/总资产×100%
	关联交易—采购	RPT1	向关联方采购产品总额/总资产×100%
	提供资金	RPT2	向关联方提供资金发生额/总资产×100%
	关联担保	RPT3	关联担保余额/总资产×100%
	关联交易	RPT	关联交易总额/总资产×100%
解释变量	两权分离度	VC	实际控制人拥有控制权/现金流权
	第一大股东持股比例	SH1	第一大股东持股数量/总股数×100%
	第二大股东对第一大股东的制衡	SH21	第二大股东持股比例/第一大股东持股比例
	第二到第五大股东的持股比例	SH25	第二到第五大股东持股比例之和
	大股东是否为国有	SOSH	大股东为国有性质，为1；否则，为0
	董事会规模	BDS	董事会人数之和
	独立董事比例	IND	独立董事人数/董事会总人数
	四大委员会设立	COMMITTEE4	四大委员会设立个数
控制变量	*Tobin's Q*	*Tobin's Q*	公司权益市值与负债账面价值之和/总资产
	行业	*Industry*	行业虚拟变量
	年度	*Year*	年度虚拟变量

1.2 样本选择和数据来源

本书选择 2013—2017 年沪、深两市 A 股上市公司作为研究样本，然后剔除了以下样本：①金融行业的上市公司。由于金融类上市公司的财务报表编制与一般公司的财务报表编制原则不同，同时金融类上市公司的股权结构较为特殊，容易出现异常值，导致结果异常；②数据不全或不正常的上市公司，如财务数据缺失的或是数据不符合常理的公司；③相关数据不全的上市公司；④存在异常值的上市公司。最后获得 12 068 个样本数据。

本书使用的数据，通过 CSMAR 数据库和 Wind 数据库整理得到。本书所使用的内部控制水平的评价数据来源于迪博内部控制与风险管理数据库（内部控制指数的取值越大，说明上市公司内部控制越有效）。为了消除极端值对多元回归结果的影响，本书对存在极端值的变量（RPT、$RPT1$、$RPT2$、$RPT3$）进行缩尾（Winsorized）处理。

1.3 模型设计

为了检验股权结构与侵占行为之一的资金占用行为的关系，构建如下回归模型：

$$OCCUPY_{i,t} = \alpha_0 + \beta_1 VC + \beta_2 SH1 + \beta_3 SH21 + \beta_4 SH25 + \beta_5 CONTROL + \sum Industry + \sum Year + \varepsilon_{i,t} \tag{5-1}$$

为了检验股权结构与侵占行为之一的关联交易行为的关系，构建如下回归模型：

$$RPT_{i,t}/RPT1_{i,t}/RPT2_{i,t}/RPT3_{i,t} = \alpha_0 + \beta_1 VC + \beta_2 SH1 + \beta_3 SH21 + \beta_4 SH25 + \beta_5 CONTROL + \sum Industry + \sum Year + \varepsilon_{i,t} \tag{5-2}$$

为了进一步检验大股东股权性质对大股东掏空行为的影响，构建回归模型：

$$OCCUPY_{i,t} = \alpha_0 + \beta_1 SH1 + \beta_2 SOSH + \beta_3 SH1 \times SOSH + \beta_4 CONTROL + \sum Industry + \sum Year + \varepsilon_{i,t} \tag{5-3}$$

$$RPT_{i,t}/RPT1_{i,t}/RPT2_{i,t}/RPT3_{i,t} = \alpha_0 + \beta_1 SH1 + \beta_2 SOSH$$
$$+ \beta_3 SH1 \times SOSH + \beta_4 CONTROL$$
$$+ \sum Industry + \sum Year + \varepsilon_{i,t}$$

$$(5-4)$$

为了检验公司董事会与独立董事制度与大股东侵占行为的关系，构建回归模型：

$$OCCUPY_{i,t} = \alpha_0 + \beta_1 BDS + \beta_2 IND + \beta_3 COMMITTEE4$$
$$+ \beta_4 CONTROL + \sum Industry + \sum Year + \varepsilon_{i,t}$$

$$(5-5)$$

$$RPT_{i,t}/RPT1_{i,t}/RPT2_{i,t}/RPT3_{i,t} = \alpha_0 + \beta_1 BDS + \beta_2 IND$$
$$+ \beta_3 COMMITTEE4 + \beta_4 CONTROL$$
$$+ \sum Industry + \sum Year + \varepsilon_{i,t}$$

$$(5-6)$$

2　实证分析结果

2.1　描述性统计

研究国内上市公司的股权结构就会发现，新兴市场国家的上市公司往往出现股权高度集中的现象。主要表现为第一大股东持股比例普遍偏高，近五年，第一大股东持股比例大多分布在 $25\%\sim50\%$ 之间，均值在 34% 以上，最大持股比例甚至达到 80% 以上，存在着较明显的"一股独大"现象。随着我国证券市场监管逐步完善，如图 5-1 所示，上市公司的股权制衡度逐渐提高，第一大股东所持有的股份占比开始下降，与第二大股东持股的比值也随之下降，股权制衡指数降低，但是这种制衡的作用是有限的。计算第二大到第五大股东的股权总和后发现，这一数据仅仅为第一大股东持股数的一半。这意味着国内上市"一股独大"的现象还较为严重。

通过对上市公司样本进行描述性统计分析，结果见表 5-2 并得出结论。

（1）衡量大股东"掏空"程度的指标 $OCCUPY$ 的均值为 1.74，最小值为 0，最大值达到 70.88，两者差距很大，且标准差为 3.133。说明深圳、上海证券交易所的 A 股上市公司通过资金占用方式进行侵占的行为普遍存在，且在不同的上市公司中大股东"掏空"程度存在较大差异。

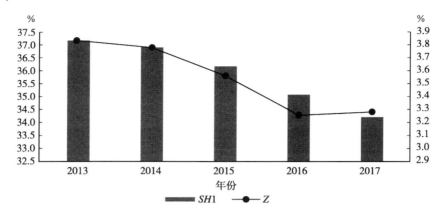

图 5 - 1　2013—2017 年我国上市公司股权结构特征变化

表 5 - 2　公司治理结构与大股东掏空行为的描述性统计

变量	样本量	均值	标准差	最小值	最大值
OCCUPY	12 068	1.740	3.133	0	70.88
RPT	12 068	1.054	3.432	-0.009 760	18.96
RPT1	12 068	0.760	3.216	0	25.14
RPT2	12 068	0.324	1.714	-0.300 000	13.63
RPT3	12 068	5.147	8.008	0	34.01
VC	11 686	1.336	1.057	1	41.40
SH1	12 068	34.560	15.020	0.286 000	89.99
SH25	12 068	18.210	11.130	0.246 000	59.97
SH21	12 068	0.347	0.285	0.000 926	1.00
SOSH	12 068	0.366	0.482	0	1.00
BDS	12 068	8.585	1.711	0	19.00
IND	12 067	0.375	0.055	0.182 000	0.80
COMMITTEE4	12 068	3.885	0.395	0	4.00
LEV	12 068	0.425	0.208	0.007 969	1.06
LNSIZE	12 068	22.200	1.307	15.580 000	28.51
Tobin's Q	12 068	2.634	10.220	0.006 950	983.00

（2）衡量"掏空"程度的第二类指标 RPT、RPT1、RPT2、RPT3 的均值分别为 1.054、0.760、0.324 和 5.147，最小、最大值差异较大，其中为关联方提供担保（RPT3）的最大值到达 34.01。说明上市公司作为买方的关联交易、资金输出和关联担保比例较高，存在代理成本。且不同上市公司在程度上存在差异。

（3）两权分离度（VC）的均值为 1.336，最小值为 1，而最大值达到

41.40，标准差为 1.057，说明我国上市公司中大股东两权分离的情况普遍存在。控制权与现金流权的不对等程度突出，但是不同上市公司存在一定差异。

（4）第一大股东持股比例的最大值可以达到 89.99，而最小值为 0.286 000，相对而言，两者差距非常明显，总的来说，在国内上市公司普遍存在股权集中的现象，第一大股东对公司经营具有支配作用。

（5）衡量股权制衡程度的指标 $SH21$ 和 $SH25$ 的均值分别是 0.347 和 18.210，这意味着第二大股东持有的股份只有第一大股东持有股份的 1/3，将第二、三、四、五大股东的持股数量进行加总，也只有第一大股东持股数量的一半，最多不超过 60%。这就意味着在国内，股东"一股独大"的现象十分严重。

（6）样本中上市公司大股东为国有性质的上市公司的均值为 0.366。国有股东较多是我国计划经济发展下的产物，国家可以将重要的经济、社会、自然资源控制在手中，提升社会总体福利。但股权分置改革之后，国有股的比例大幅下降。

（7）在董事会规模方面，国内上市公司董事会人数的均值为 8.585，但是差距很大，有的董事会没有人，而有的董事会人数有 19.00 人。按照《中华人民共和国公司法》规定，股份有限公司应一律设立董事会，其成员为 5～19 人。描述性统计结果说明大部分上市公司都达到董事会规模标准，但规模过大在一定程度上会降低决策效率，董事会制度有待进一步完善。

（8）独立董事比例的均值为 0.375，最小值和最大值分别为 0.182 000 和 0.80，这与欧美国家要求的标准还有一定差距。四大委员会设立的均值为 3.885，最小值为 0，说明虽然大部分 A 股上市公司已设立相应的专门委员会，但独立董事制度依然有待完善。

（9）$LNSIZE$ 的均值为 22.200，标准差是 1.307，这说明国内上市公司规模参差不齐，相互之间存在明显的差距。杠杆 LEV 的均值为 0.425，说明企业的整体资产负债率水平较高；标准差为 0.208，最大值和最小值差距大，说明企业的资产负债率规模相差较大。其他控制变量的分布都在合理的范围之内。

2.2　回归分析及结果

2.2.1　股权结构对大股东掏空行为的影响

（1）相关性分析。下面将通过回归模型考察股权结构变量对大股东"掏空"行为的影响。本书首先通过计算各自变量之间的相关系数矩阵考察它们之间的关系，结果见表 5 - 3。

首先，分析大股东掏空行为与股权结构之间的关系。由上述表格中显示的数据可见，$SH25$ 在 1% 的水平上显著负相关，这意味着公司存在明显的"一股独大"现象，虽然大股东不止一人，但是第一大股东持有的股份数量占据绝对优势，导致其他大股东的空间受到严重挤压，股权制衡基本不起作用。

接下来对两权分离和关联交易的关系进行分析，由表 5 - 3 中数据可见，在 1% 和 10% 显著性水平下呈现正相关关系。这意味着如果两全分离严重，大股东确实有十足的动机"掏空"公司。只要两权分离存在，大股东就会做出权衡，利用手中权力为自己赚取更多利益。

第一大股东持有的比例越高，占用资金的数量反而会降低，"掏空"公司的行为也会有所收敛。两者之间的关系呈现负相关关系。第一大股东持股比例与两权分离在 1% 显著性水平下呈现负相关关系。这意味着如果第一大股东拥有更多股份，就会拥有更多现金流权，两权分离会得到缓解，大股东侵占公司资产的动机会降低，这样一来，反而有助于中小股东维护自身利益。

第一大股东持股比例提高，关联交易也会增加，两者在 1% 的显著性水平下呈现正相关关系。当第一大股东掌控足够多的公司控制权，就会有足够的倾向和能力进行关联交易，实现利益输送，而公司被"掏空"的可能性也在上升。

$SH25$ 和关联交易在 1% 显著性水平下呈现负相关关系，这意味着如果其他股东拥有更高的持股比例，公司权力制衡发挥的效果更加显著，那么关联交易也会随之减少。$SH21$ 与资金占用和关联交易均呈现负相关关系，但与资金占用呈现的负相关关系并不显著。但总体上说明，股权制衡度的提高能抑制大股东的掏空行为。

（2）单因素分析。李增泉（2004）认为，大股东的持股比例对其侵害行为的影响具有两面性，即协同效应（alignment effect）和侵占效应（entrenchment effect）并存。La Porta 等（2002）认为，股权在高度集中的情况下，大股东的持股比例就会很高，即便他想"掏空"公司，也需要耗费较长时间，从这个角度来说，中小股东受到的侵害反而会降低。究竟股权集中度高会更容易"掏空"公司，还是会导致"掏空"速度减缓？在这一问题上，学者们各有各的观点，并没有达成统一。本书假设第一大股东持股比例与资金占用负相关，与关联交易正相关。为了更好地验证预期假设，本书首先对主要变量

表 5 - 3　公司治理与大股东掏空的相关性分析

	OCCUPY	RPT	SH1	SH25	SH21	VC	BDS	IND	COMMIT4	LEV	LNSIZE	Tobin's Q
OCCUPY	1.000 000											
RPT	0.007 000	1.000 000										
SH1	-0.062 000***	0.088 000***	1.000 000									
SH25	-0.041 000***	-0.069 000***	-0.349 000***	1.000 000								
SH21	-0.002 000	-0.054 000***	-0.590 000***	0.820 000***	1.000 000							
VC	0.039 000***	0.015 000*	-0.068 000***	-0.030 000***	0.008 000	1.000 000						
BDS	0.015 000*	0.077 000***	0.035 000***	-0.001 000	0.010 000	0.032 000***	1.000 000					
IND	0.019 000**	-0.010 000	0.041 000***	-0.001 000	-0.012 000	-0.029 000***	-0.492 000***	1.000 000				
COMMITTEE4	-0.013 000	-0.006 000	-0.045 000***	0.060 000***	0.028 000***	-0.035 000***	0.001 000	0.002 000	1.000 000			
LEV	0.180 000***	0.125 000***	0.088 000***	-0.155 000***	-0.115 000***	0.040 000***	0.172 000***	-0.020 000**	0.013 000	1.000 000		
LNSIZE	0.028 000***	0.094 000***	0.236 000***	-0.030 000***	-0.073 000***	0.015 000	0.288 000***	-0.003 000	-0.048 000***	0.511 000***	1.000 000	
Tobin's Q	0.001 000	-0.023 000***	-0.043 000***	0.021 000***	0.026 000***	0.048 000***	-0.074 000***	0.026 000***	-0.004 000	-0.102 000***	-0.197 000***	1.000 000

注：* <0.05，** <0.01，*** $<0.001\,667$。统一注释为：P 值 <0.05（最低的显著意义）；P 值 <0.01（中等程度的显著意义）；P 值 <0.001（最高的显著意义）。显著性水平分别由 *、**、*** 表示。

进行单因素分析。

由表 5 - 4 单因素分析可见，第一大股东持股比例大多集中在 $25\%\sim$ 50%，$OCCUPY$ 即资金占用的比重与第一大股东持股比例之间总体上呈现负相关关系，随着持股比例的增加，资金占用的均值下降，这一结果符合 H2 假设的预期。RPT 显示，如果大股东持股比例上升，则关联交易程度也会加深，两者之间呈现正相关关系，与 H3 假设达成一致。因此，在本书中不再需要通过分层研究来讨论第一大股东持股比例的问题。

表 5 - 4　大股东掏空行为规模随股权集中度的变化趋势

SH1	样本量	OCCUPY（均值）	RPT（均值）
<10	191	2.396	0.485
[10, 25)	3 495	1.955	0.817
[25, 50)	6 354	1.713	1.014
[50, 75)	1 911	1.410	1.521
[75, 100)	116	1.158	3.605

（3）股权结构与大股东掏空行为的回归结果。依次分别将资金占用（$OCCUPY$）、关联交易（RPT、$RPT1$、$RPT2$）作为因变量，两权分离度（VC）、第一大股东持股比例（$SH1$）、股权均衡度量（$SH25$、$SH21$）作为自变量，控制变量则是前述中提及的 $Tobin's\ Q$ 值、杠杆水平，以及上市公司规模。在行业和年度数据得到控制的基础上，构建模型做出回归分析，通过 Stata 分析软件计算出分析结果，具体数据见表 5 - 5 所示。由表 5 - 5 可见，VIF 较小，说明各变量之间没有共线性问题。

表 5 - 5　模型 5 - 1、5 - 2 的多元回归结果

	(1)	(2)	(3)	(4)	(5)
	OCCUPY	RPT	RPT1	RPT2	RPT3
VC	0.034 000	0.051 900	0.009 700	0.041 100 *	0.080 300
	(0.028 500)	(0.032 900)	(0.030 900)	(0.016 500)	(0.070 700)
SH1	−0.012 700 ***	0.021 800 ***	0.021 800 ***	0.002 620	−0.078 200 ***
	(0.002 500)	(0.002 870)	(0.002 700)	(0.001 440)	(0.006 170)
SH25	−0.012 600 **	−0.033 900 ***	−0.030 600 ***	−0.007 690 **	0.022 200
	(0.004 680)	(0.005 380)	(0.005 060)	(0.002 700)	(0.011 600)
SH21	0.295 000	1.273 000 ***	1.111 000 ***	0.312 000 *	−1.927 000 ***
	(0.211 000)	(0.243 000)	(0.229 000)	(0.122 000)	(0.522 000)

（续）

	(1)	(2)	(3)	(4)	(5)
	OCCUPY	RPT	RPT1	RPT2	RPT3
LEV	0.027 300 ***	0.018 800 ***	0.015 900 ***	0.003 710 ***	0.129 000 ***
	(0.001 670)	(0.001 930)	(0.001 810)	(0.000 969)	(0.004 140)
LNSIZE	−0.195 000 ***	0.145 000 ***	0.144 000 ***	0.015 100	0.398 000 ***
	(0.027 200)	(0.031 400)	(0.029 500)	(0.015 800)	(0.067 400)
Tobin's Q	−0.000 074	−0.000 005	0.000 012	−0.000 023	−0.009 660
	(0.002 790)	(0.003 190)	(0.003 000)	(0.001 600)	(0.006 860)
Year			Controlled		
Industry			Controlled		
AdjR-square	0.078 000	0.044 000	0.051 000	0.013 000	0.192 000
_ cons	5.835 000 ***	−4.027 000 ***	−3.887 000 ***	−0.495 000	−7.003 000 ***
	(0.586 000)	(0.676 000)	(0.636 000)	(0.340 000)	(1.452 000)
N	11 264	11 264	11 264	11 264	11 264

注：* ＜0.05，** ＜0.01，*** ＜0.001。P 值＜0.05（最低的显著意义）；P 值＜0.01（中等程度的显著意义）；P 值＜0.001（最高的显著意义）。显著性水平分别由 *，**，*** 表示。

多元回归结果显示，两权分离度 VC 与资金占用、关联交易的关系虽然方向都为正，但并不显著。VC 与 $RPT2$ 在 10% 显著性水平下呈现正相关关系，意味着 VC 值越高，关联交易越严重。两者回归系数为 0.041 1，即两者正方向变动，随着大股东控制权与现金流权的分离，大股东攫取中小股东利益的动机增强，"掏空"程度加深，特别是通过向关联方提供资金的"掏空"方式。

第一大股东持股比例在 1% 显著性水平下与资金占用呈现负相关关系，这说明随着第一大股东持股比重不断上升，侵占公司资产的动机反而会下降。这一结果与假设 H2 相符。这说明，在我国"一股独大"的结构特点下，由于持续增加持股比例所导致的控制权增加的速度将赶不上现金流权增加的速度，控制权与现金流权的分离程度降低，利益侵占效应减弱，利益协同效应增强，大股东占用上市公司资金的规模随之降低。这一结果与相关性分析中"第一大股东持股比例与两权分离度负向相关"相呼应。

第一大股东持股比例与关联交易 RPT 和 $RPT1$ 均在 1% 的水平下显著正相关，与 RPT2 的关系虽然方向为正但不显著，说明随着第一大股东持股比例的增加，大股东增强了关联交易程度，倾向于向关联方采购并向其提供资金。这与假设 H3 一致。综上可以看出，股权所有制改革之后，随着大股东持股比例的增加，大股东的掏空行为更加隐蔽。大股东在进行"掏空"的时候会关注掏空行为的成本效益。因此增加了向关联方采购、提供资金等方式，减少了直接性的资金占用方式。

$SH25$ 在 5％显著性水平下和资金占用呈现负相关关系，这意味着第二到第五大股东持股数量越多，对第一大股东的制衡作用越大，会抑制第一大股东"掏空"公司的行为。第二至第五大股东持股比例 $SH25$ 与关联交易 RPT、$RPT1$、$RPT2$ 分别在 1％、1％和 5％的水平下显著负相关，说明随着 $SH25$ 增加，关联交易程度降低，"掏空"程度降低，说明股权制衡度的增强能够在一定程度上抑制大股东的掏空行为。这一结果与假设一致。然而股权制衡度的另一指标 $SH21$ 并没有得到预期的回归结果。$SH21$ 与资金占用不存在显著相关关系。$SH21$ 与关联交易 RPT、$RPT1$、$RPT2$ 分别在 1％、1％和 10％的水平下显著正相关，这与预期假设符号相反。仅与 $RPT3$ 的回归结果验证了假设 H5，两者在 1％的水平下显著负相关。这说明，第一大股东与第二大股东并不存在简单的相互制衡关系，可能在一定程度上也存在着相互合谋的关系。两大股东存在一致的利益动机。但随着其他大股东持股比例的增加，制衡能力增强，"掏空"程度降低。因此，假设 H5 得到部分验证。

上市公司杠杆水平越高，关联交易可能性也会越大，而资金占用则会上升，三者之间在 1％水平下显著正相关。这说明上市公司在严重负债的情况下，大股东存在强烈的侵占动机。上市公司规模与资金占用在 1％的水平下显著负相关，规模越大，资金占用程度越低，而与关联交易和关联担保呈现正相关关系，规模越大，越倾向于通过关联交易方式侵占中小股东权益。

为了进一步研究第一大股东产权性质对掏空行为的影响，验证假设 H4，本书首先引入交互项 $SOSH \times SH1$，代入式 5-3、5-4 中，进行回归分析。回归结果显示如表 5-6。交互项与资金占用的关系为正，但并没有得到显著的结果。这可能与目前国家有关部门对大股东资金占用的监管和大力清理有关，使得不论国有股大股东还是非国有股大股东对于使用资金占用这一掏空行为上有所忌惮。交互项与关联交易 RPT 和 $RPT1$ 在 1％的水平下显著正相关，说明如果大股东为国有性质，则会加深关联交易程度。这与预期假设相符。上市公司关联交易与国有股比例有显著的正相关关系。

表 5 - 6　模型 5 - 3、5 - 4 的多元回归结果

	(1)	(2)	(3)	(4)	(5)
	OCCUPY	RPT	RPT1	RPT2	RPT3
SH1	−0.014 700***	0.001 870	0.003 980	−0.001 700	−0.019 400**
	(0.002 400)	(0.002 770)	(0.002 620)	(0.001 400)	(0.005 950)
SOSH	−0.384 000**	0.593 000***	0.282 000	0.259 000**	−0.355 000
	(0.148 000)	(0.171 000)	(0.161 000)	(0.086 700)	(0.367 000)
SOSH×SH1	0.005 510	0.021 400***	0.021 800***	0.003 130	−0.069 200***
	(0.003 790)	(0.004 380)	(0.004 130)	(0.002 220)	(0.009 400)
LEV	0.026 700***	0.015 600***	0.013 500***	0.002 840**	0.140 000***
	(0.001 610)	(0.001 860)	(0.001 760)	(0.000 943）	(0.004 000)
LNSIZE	−0.153 000***	0.010 700	0.032 800	−0.019 000	0.600 000***
	(0.026 600)	(0.030 800)	(0.029 100)	(0.015 600)	(0.066 100)
Tobin's Q	−0.000 039	0.000 066	−0.000 120	0.000 132	−0.009 790
	(0.002 710)	(0.003 140)	(0.002 960)	(0.001 590)	(0.006 730)
Year			Controlled		
Industry			Controlled		
AdjR-squared	0.082 000	0.070 000	0.069 000	0.021 000	0.215 000
_cons	5.049 000***	−0.953 000	−1.358 000*	0.291 000	−12.670 000***
	(0.585 000)	(0.677 000)	(0.639 000)	(0.343 000)	(1.452 000)
N	11 631	11 631	11 631	11 631	11 631

注：$* < 0.05$，$** < 0.01$，$*** < 0.001$。P 值 < 0.05（最低的显著意义）；P 值 < 0.01（中等程度的显著意义）；P 值 < 0.001（最高的显著意义）。显著性水平分别由 *，**，*** 表示。

本书又将 SOSH 分为国有组和非国有组（表 5 - 7），分别代入式 5 - 1、5 - 2 进行回归分析。由此可见，与非国有组相比，国有组的大股东更倾向于"掏空"公司。这说明，在国内上市公司中，大股东与中小股东的矛盾十分严重，如果上市公司的大股东是政府，那么双方的矛盾还会更加突出。这也就是说，假设 H4 是成立的。

2.2.2　董事会及独立董事制度对大股东掏空行为的影响

（1）相关性分析。下面将通过回归模型考察董事会及独立董事变量对大股东侵占行为的影响。首先，通过计算各自变量之间的相关系数矩阵考察它们之间的相关关系，计算结果见表 5 - 8。由表 5 - 8 可以看到，董事会规模与资金占用和关联交易分别在 10% 和 1% 的水平上显著正相关，说明董事会规模越大，大股东侵占程度越高。独立董事比例（IND）在 10% 显著性水平下与

表 5-7 分组回归结果

	OCCUPY		RPT		RPT1		RPT2	
	国有	非国有	国有	非国有	国有	非国有	国有	非国有
SH1	-0.009 520**	-0.015 200***	0.026 100***	0.002 750	0.028 300***	0.005 340***	0.002 220	-0.002 030
	(-3.260 000)	(-6.000 000)	(5.340 000)	(1.450 000)	(5.940 000)	(3.300 000)	(0.940 000)	(-1.910 000)
LNSIZE	-0.047 100	-0.256 000***	0.022 200	-0.037 600	0.056 900	-0.006 990	-0.031 900	-0.024 100
	(-1.200 000)	(-6.520 000)	(0.340 000)	(-1.290 000)	(0.890 000)	(-0.280 000)	(-1.010 000)	(-1.470 000)
LEV	0.026 400***	0.030 600***	0.025 600***	0.008 400***	0.022 200***	0.006 360***	0.004 940*	0.001 700
	(10.510 000)	(14.030 000)	(6.090 000)	(5.190 000)	(5.420 000)	(4.590 000)	(2.430 000)	(1.870 000)
Tobin's Q	0.086 000***	-0.001 780	0.015 200	-0.001 180	0.005 300	-0.000 619	0.005 790	-0.000 471
	(3.410 000)	(-0.620 000)	(0.360 000)	(-0.550 000)	(0.130 000)	(-0.340 000)	(0.280 000)	(-0.390 000)
Year			Controlled					
Industry			Controlled					
AdjR2	0.110 000	0.080 000	0.050 000	0.011 000	0.070 000	0.015 000	0.040 000	0.002 000
_cons	3.727 000***	6.136 000***	-1.741 000	0.744 000	-2.536 000	0.049 300	0.540 000	0.574 000
	(4.250 000)	(7.100 000)	(-1.190 000)	(1.160 000)	(-1.770 000)	(0.090 000)	(0.760 000)	(1.590 000)
N	4 283	7 275	4 283	7 275	4 283	7 275	4 283	7 275

注: * <0.05, ** <0.01, *** <0.001。 P 值<0.05 (最低的显著意义); P 值<0.01 (中等程度的显著意义); P 值<0.001 (最高的显著意义)。显著性水平分别由 *, **, *** 表示。

资金占用呈现出正相关关系，在 5% 显著性水平下与资金占用呈现出正相关关系，且在 1% 显著性水平下与 RPT2 呈现正相关关系。四大委员会的设立情况与大股东掏空行为指标关系均不显著。假设没有得到初步验证。

（2）董事会及独立董事制度与大股东掏空行为的回归结果。依次将资金占用（OCCUPY）、关联交易（RPT、RPT1、RPT2）作为因变量，在自变量选择上包括董事会人数、专业委员会、独立董事占比，财务杠杆、上市公司规模和 Tobin's Q 值作为控制变量，并控制年度和行业数据，代入式 5 - 5、5 - 6。VIF 均小于 10，说明上述变量之间并不存在共线性，在经过回归分析之后，得到表 5 - 8 的结果。

表 5 - 8　模型 5 - 5、5 - 6 的回归分析结果

	(1)	(2)	(3)	(4)	(5)
	OCCUPY	RPT	RPT1	RPT2	RPT3
BDS	0.051 800**	0.092 800***	0.051 300*	0.047 400***	− 0.149 000**
	(2.700 000)	(4.100 000)	(2.410 000)	(4.180 000)	(− 3.050 000)
IND	1.413 000*	1.775 000**	0.716 000	1.218 000***	− 0.500 000
	(2.510 000)	(2.680 000)	(1.150 000)	(3.670 000)	(− 0.350 000)
COMMITTEE4	− 0.057 600	− 0.066 300	− 0.086 700	− 0.008 400	0.568 000***
	(− 0.850 000)	(− 0.830 000)	(− 1.150 000)	(− 0.210 000)	(3.300 000)
LEV	0.026 600***	0.018 900***	0.015 600***	0.004 040***	0.136 000***
	(16.650 000)	(10.060 000)	(8.800 000)	(4.280 000)	(33.620 000)
LNSIZE	− 0.220 000***	0.121 000***	0.147 000***	− 0.010 000	0.243 000***
	(− 8.250 000)	(3.850 000)	(4.960 000)	(− 0.640 000)	(3.580 000)
ROE	− 0.003 520**	− 0.002 790*	− 0.002 440	− 0.000 541	0.004 540
	(− 2.960 000)	(− 2.000 000)	(− 1.850 000)	(− 0.770 000)	(1.510 000)
Tobin's Q	− 0.000 162	0.000 318	0.000 287	0.000 048	− 0.011 100
	(− 0.060 000)	(0.100 000)	(0.100 000)	(0.030 000)	(− 1.620 000)
Year			Controlled		
Industry			Controlled		
AdjR-squared	0.078 000	0.041 000	0.045 000	0.015 000	0.183 000
_cons	5.163 000***	− 3.867 000***	− 3.548 000***	− 0.650 000	− 7.720 000***
	(7.650 000)	(− 4.860 000)	(− 4.740 000)	(− 1.630 000)	(− 4.500 000)
N	11 507	11 507	11 507	11 507	11 507

注：* <0.05，** <0.01，*** <0.001。P 值<0.05（最低的显著意义）；P 值<0.01（中等程度的显著意义）；P 值<0.001（最高的显著意义）。显著性水平分别由 *，**，*** 表示。

董事会规模与资金占用在 5％的水平下显著正相关，与关联交易 RPT 在 1％的水平下显著正相关，与 $RPT1$、$RPT2$ 分别在 10％和 1％的水平下显著正相关。这一结果说明，董事会规模扩大，大股东进行资金占用和关联交易的程度加深。这与本书预期假设一致。综上所述，假设 H6 得到部分验证。董事会规模太大会出现董事会成员间沟通与协调的问题，不能很好地监督公司的日常经营活动，反而影响董事会作用的发挥，为大股东掏空行为提供了便利。

独立董事比例与资金占用和关联交易 RPT 的方向均为正，且分别在 10％、5％的水平下显著正相关，且与关联交易 $RPT2$ 在 1％的水平下显著正相关，说明独立董事比例越高，大股东"掏空"程度越高，这一结果与预期假设相悖。独立董事符合经济人假设，做出任何选择的目的都是使自身利益最大化。从回归分析结果发现，我国的独立董事制度未能有效发挥其监督制约作用，可见独立董事并非天生就与公司中小股东的利益完全一致。四大委员会的设立与资金占用和关联交易的关系为负，但均不显著，假设没有得到验证，我国的独立董事制度有待进一步完善。

2.3 稳健性检验

根据 Li（2004）的研究，他认为公司大股东持股比例对其侵占行为具有双重影响，即趋同效应和壕沟效应并存。为了确保拥有稳定的实证结果，本书还参考了 Morck 等（1988）的设计，将其与单变量分析相结合。以 50％的比例划分第一大股东持股占比，得到两个变量 $SH1low$ 和 $SH1high$，它们呈现出两种效应，即趋同效应和壕沟效应。$SH1low$ 显示，如果第一大股东持有小于 50％的股份，按照其原有股份占比计算，否则按照 50％计算；如果按照 $SH1high$ 原则，如果第一大股东持有 50％以上的股份，计算出高出 50％的差值，如果持股比例不足 50％，则直接得到 0。回归结果表明，如表 5 - 9 所示，$SH1low$ 和 $SH1high$ 与资产占用的回归系数分别为 −0.017 100 *** 和 −0.000 609，均为负。结果表明，在持股比例高、低两种情况下，趋同效应占主导地位，并间接支持 H1，表明回归结果是稳健的。

在稳健性检验中，本书将国有企业分为国有企业和非国有企业，将其代入式 5 - 1、5 - 2 进行回归分析。结果如表 5 - 10 所示，大多数国有企业的隧道挖掘程度要高于非国有企业。由上述分析可知，我国大股东与中小股东的代理问题极为严重，特别是如果上市公司的大股东是政府的话，双方的矛盾更加突出。非国有企业的内部控制指数（ICI）与资产占用率、RPT 显著负相关。因此，支持 H3，回归结果是稳健的。

表 5 – 9　股权集中的稳健性检验

	(1)	(2)
	$OCCUPY$	$OCCUPY$
$SH1high$	−0.000 609	
	（−0.290 000）	
$SH1low$		−0.017 100 ***
		（−7.490 000）
LEV	0.028 300 ***	0.027 800 ***
	（17.480 000）	（17.210 000）
$LNSIZE$	−0.228 000 ***	−0.195 000 ***
	（−8.760 000）	（−7.430 000）
$Tobin's\ Q$	−0.000 021	0.000 108
	（−0.010 000）	（0.040 000）
$Year$	0.055 200	0.006 950
	（0.650 000）	（0.080 000）
$Industry$	−0.199 000	−0.145 000
Adj R-squared	0.070 000	0.080 000
_ cons	6.042 000 ***	5.923 000 ***
	（10.390 000）	（10.310 000）
N	11 558	11 558

注：* ＜0.05，** ＜0.01，*** ＜0.001。P 值＜0.05（最低的显著意义）；P 值＜0.01（中等程度的显著意义）；P 值＜0.001（最高的显著意义）。显著性水平分别由 * ，** ，*** 表示。

此外，Driscoll 和 Kraay（1998）在使用不平衡面板数据估计以及混合OLS研究后认为，应该考虑标准误差的问题，该误差结构被认为是异方差，具有自相关特征，滞后的，并可能在组（面板）之间相关。当时间维变大时，Driscoll-Kraay 标准误差对非常普遍的横截面和时间依赖形式具有稳健性。Driscoll-Kraay 标准误差提出之后，自相关和异方差的问题都得到了有效解决，最后得到稳定的研究结果（表 5 – 11）。

表 5 - 10 SOE 稳健性检验

OCCUPY	RPT		RPT1		RPT2		RPT3	
	国有	非国有	国有	非国有	国有	非国有	国有	非国有
SH1	-0.009 520**	-0.015 200***	0.026 100***	0.002 750	0.028 300***	0.005 340***	0.002 220	-0.002 030
	(-3.260 000)	(-6.000 000)	(5.340 000)	(1.450 000)	(5.940 000)	(3.300 000)	(0.940 000)	(-1.910 000)
LNSIZE	-0.047 100	-0.256 000***	0.022 200	-0.037 600	0.056 900	-0.006 990	-0.031 900	-0.024 100
	(-1.200 000)	(-6.520 000)	(0.340 000)	(-1.290 000)	(0.890 000)	(-0.280 000)	(-1.010 000)	(-1.470 000)
LEV	0.026 400***	0.030 600***	0.025 600***	0.008 400***	0.022 200***	0.006 360***	0.004 940*	0.001 700
	(10.510 000)	(14.030 000)	(6.090 000)	(5.190 000)	(5.420 000)	(4.590 000)	(2.430 000)	(1.870 000)
Tobin's Q	0.086 000***	-0.001 780	0.015 200	-0.001 180	0.005 300	-0.000 619	0.005 790	-0.000 471
	(3.410 000)	(-0.620 000)	(0.360 000)	(-0.550 000)	(0.130 000)	(-0.340 000)	(0.280 000)	(-0.390 000)
Year				Controlled				
Industry				Controlled				
Adj R2	0.110 000	0.080 000	0.050 000	0.011 000	0.070 000	0.015 000	0.040 000	0.002 000
_cons	3.727 000***	6.136 000***	-1.741 000	0.744 000	-2.536 000	0.049 300	0.540 000	0.574 000
	(4.250 000)	(7.100 000)	(-1.190 000)	(1.160 000)	(-1.770 000)	(0.090 000)	(0.760 000)	(1.590 000)
N	4 283	7 275	4 283	7 275	4 283	7 275	4 283	7 275

注：$*<0.05$，$**<0.01$，$***<0.001$。P值<0.05（最低的显著意义）；P值<0.01（中等程度的显著意义）；P值<0.001（最高的显著意义）。显著性水平分别由 *，**，*** 表示。

表 5 - 11　Driscoll-Kraay 标准误差的稳健性检验

	(1)	(2)	(3)	(4)
	OCCUPY	RPT	RPT1	RPT2
SH1	−0.014 100**	0.023 000***	0.024 10**	0.001 820
	(−7.230 000)	(13.570 000)	(5.020 000)	(1.170 000)
SH25	−0.012 500**	−0.032 700**	−0.032 100*	−0.005 310
	(−4.960 000)	(−7.780 000)	(−3.330 000)	(−1.890 000)
SH21	0.248 000	1.235 000***	1.173 000**	0.223 000**
	(2.120 000)	(10.090 000)	(4.780 000)	(7.660 000)
LEV	0.026 700***	0.020 700**	0.017 900*	0.003 620**
	(35.710 000)	(6.590 000)	(4.080 000)	(6.050 000)
LNSIZE	−0.179 000*	0.093 800**	0.082 600	0.021 100
	(−2.960 000)	(8.000 000)	(1.430 000)	(0.380 000)
Tobin's Q	0.000 470	−0.000 636	−0.000 211	−0.000 406
	(0.320 000)	(−2.260 000)	(−0.560 000)	(−1.560 000)
Industry		Controlled		
R-squared	0.082 000	0.042 000	0.041 000	0.010 000
_cons	5.676 000*	−3.246 000***	−3.045 000	−0.532 000
	(4.320 000)	(−28.430 000)	(−2.030 000)	(−0.430 000)
N	11 558	11 558	11 558	11 558

注：* <0.05，** <0.01，*** <0.001。P 值<0.05（最低的显著意义）；P 值<0.01（中等程度的显著意义）；P 值<0.001（最高的显著意义）。显著性水平分别由 * , ** , *** 表示。

3　小　结

在对沪、深两市 A 股上市公司进行筛选，并利用 2013—2017 年的数据进行实证分析之后，本书在股权结构、第一大股东、资金占用、关联交易、"掏空"公司等方面得出了结论，上述几点之间存在着密切的联系。

我国与大多数新兴市场国家一样存在股权高度集中的现象，主要表现为第一大股东持股比例普遍偏高，股权制衡度相对较低。股权结构表现出"一股独大"的特点。在股权结构与大股东"掏空"程度的关系研究中，回归分析结果基本符合研究假设。由于存在两权分离，引发了大股东"掏空"公司获取私利的动机，而这种权力分离越严重，侵占公司资产的动机也就越明显。当大股东持有公司的股权不断增加，原本侵占公司资产的动机反而得到削弱，转而选择了更加隐蔽的关联交易和关联担保方式。因此，为了保护中小股东合法权益，进一步深化股权分置改革，降低第一大股东的高持股率是非常有必要的。股权制衡度会抑制大股东"掏空"公司的行为，这一点在实证分析中也得到验证。如果第二到第五大股东拥有的持股比例上升，这种制衡作用还会进一步得到显现。掏空行为势必有损上市公司价值，随着其他大股东持股比例的增加，制衡能力的增强，能够在一定程度上抑制大股东的侵占行为。然而从第一大股东与第二大股东持股比例指标来看，回归结果与预期假设相反且显著。本书认为，第一大股东与第二大股东之间不存在简单的线性制衡关系，而可能具有共同利益驱使，存在一定程度上的合谋关系。

在董事会和独立董事制度与大股东"掏空"的关系研究中，回归结果只有部分符合研究假设。如果董事会人数太多，沟通问题就会显现，解决问题的效率随之降低，导致董事会难以有效发挥职能，或者被大股东控制，为大股东"掏空"公司创造了条件。这一假设得到回归分析的验证。在独立董事制度方面，独立董事比例的提高和四大委员会的设立均没有得到与研究假设相符的结果。目前，国内上市公司虽然建立了独立董事制度，但是独立董事并没有真正履行职权，反而成为大股东的支持者。对此，必须对国内上市公司的董事会进行改革，使得独立董事真正发挥作用，对大股东侵占中小股东利益的行为加强监督，让董事会可以在合规合法的条件下运行，保护公司利益，让中小股东的利益不受损害。

第六章
内部控制与大股东掏空行为的实证研究

1　研究设计

1.1　主要变量说明

本书用资金占用（*OCCUPY*）、关联交易（*RPT*、*RPT1*、*RPT2*、*PRT3*）来衡量公司大股东的"掏空"程度；两权分离度（*CV*）以及控制变量已在上节定义，在此不再赘述。

本书用迪博公司提供的内部控制指数（*ICI*）、内部控制是否有效（*ICVALID*）、内部控制是否存在缺陷（*ICDEFICIENCY*）来衡量公司内部控制水平的高低。上市公司的内部控制指数越高，代表内部控制质量越高；内部控制有效性1代表有效，显示内部控制质量高；内部控制缺陷1代表存在缺陷，显示内部控制质量低。有关变量名称及定义如表6-1所示。

表 6-1　变量定义表

变量名称	变量符号	变量定义
内部控制指数	*ICI*	迪博数据库内部控制指数
内部控制是否有效	*ICVALID*	若上市公司内部控制有效则取值为1，否则为0
内部控制是否存在缺陷	*ICDEFICIENCY*	若上市公司内部控制存在缺陷则取值为1，否则为0
内控审计披露	*DISCLOSURE*	披露内控审计报告则取值为1，否则为0
企业性质	*SOE*	若公司为国有企业，该指标取1，否则取0
控制变量		详见第五章

1.2 样本选择和数据来源

本书用来衡量公司内部控制质量的数据取自深圳市迪博企业风险管理技术有限公司发布的中国上市公司内部控制指数（DIB 内部控制与风险管理数据库），该指数在衡量公司内部控制质量方面具有较强的代表性和权威性，已在与内部控制影响因素及经济相关的研究中得到了广泛使用。其他相关数据来自国泰安（CSMAR）数据库以及 Wind 数据库，数据采用 Excel 及 Stata14.1 等统计软件进行处理。

1.3 模型设计

为了验证两权分离程度与内部控制缺陷的关系，构建回归模型：

$$\text{Logistic}(ICD_{i,t}) = \alpha_0 + \beta_1 VC + \beta_2 CONTROL$$
$$+ \sum Industry + \sum Year + \varepsilon_{i,t}$$

$$(6-1)$$

为了验证内部控制质量对大股东侵占行为的影响，构建回归方程：

$$OCCUPY_{i,t} = \alpha_0 + \beta_1 ICI + \beta_2 ICVALID + \beta_3 ICDEFICIENCY$$
$$+ \beta_1 CONTROL + \sum Industry + \sum Year + \varepsilon_{i,t}$$

$$(6-2)$$

$$RPT_{i,t}/RPT1_{i,t}/RPT2_{i,t}/RPT3_{i,t} = \alpha_0 + \beta_1 ICI + \beta_2 ICVALID$$
$$+ \beta_3 ICDEFICIENCY + \beta_4 CONTROL$$
$$+ \sum Industry + \sum Year + \varepsilon_{i,t}$$

$$(6-3)$$

为了进一步验证 H11，在模型 6-1、6-2 的基础上增加 $ICI \times VC$ 交互项，构建模型：

$$OCCUPY_{i,t}/RPT_{i,t} = \alpha_0 + \beta_1 ICI + \beta_2 SH1 + \beta_3 IC \times SH1 + \beta_4 CONTROL$$
$$+ \sum Industry + \sum Year + \varepsilon_{i,t} \qquad (6-4)$$

为了验证产权性质对内部控制抑制作用的影响，构建回归模型：

$$OCCUPY_{i,t}/RPT_{i,t} = \alpha_0 + \beta_1 ICI + \beta_2 SOE + \beta_3 ICI \times SOE + \beta_4 CONTROL$$
$$+ \sum Industry + \sum Year + \varepsilon_{i,t} \qquad (6-5)$$

2　实证分析结果

2.1　描述性统计

对本书所涉及的变量进行描述性统计分析，根据统计结果制表 6－2。
ICI、$ICVALID$、$ICDEFICIENCY$ 三个变量衡量内部控制水平的高低。
ICI 均值为 641.000，标准差为 117.900，$ICVALID$ 均值为 0.996，标准差
为 0.064，说明上市公司的内部控制有效性增强，但仍存在不足和缺陷，内
部控制质量有待进一步提升。其他变量描述性统计结果已在前面章节说明，
不再赘述。

表 6－2　内部控制与大股东掏空行为的描述性分析

变量	样本量	均值	标准差	最小值	最大值
OCCUPY	12 068	1.740	3.133	0	70.880
RPT	12 068	1.054	3.432	－0.009 760	18.960
RPT1	12 068	0.760	3.216	0	25.140
RPT2	12 068	0.324	1.714	－0.300 000	13.630
RPT3	12 068	5.147	8.008	0	34.010
ICI	12 068	641.000	117.900	0	908.400
ICVALID	12 068	0.996	0.064	0	1
ICDEFICIENCY	12 068	0.299	0.458	0	1
VC	12 068	1.336	1.057	1	41.400
LEV	12 068	0.425	0.208	0.007 969	1.059
LNSIZE	12 068	22.200	1.307	15.580 000	28.510
Tobin's Q	12 068	2.634	10.220	0.006 950	983.000

2.2　回归分析及结果

2.2.1　相关性分析

为更好地对各个变量关系进行分析，并对其中的共线性问题进行研究，
本书对其开展相关性分析，研究人员 William 和 Thomas 两人在 1991 年对
相关系数进行研究，表明其数值在 0.65 以下，各个变量存在独立性特征，
但是未存在共线性。依据结果表明，各个变量之间的相关系数在 0.65 以下

表 6-3 内部控制与大股东掏空行为的相关性分析

	OCCUPY	RPT	VC	ICI	ICV	ICD	LEV	LNSIZE	Tobin's Q
OCCUPY	1								
RPT	0.007 00	1							
VC	0.039 00*	0.015 00*	1						
ICI	−0.098 00***	−0.034 00***	−0.012 00	1					
ICVALID	−0.061 00***	−0.006 00	0.006 00	0.339 00***	1				
ICDEFICIENCY	0.042 00***	0.077 00***	0.023 00**	−0.141 00***	−0.098 00***	1			
LEV	0.180 00***	0.125 00***	0.040 00***	−0.046 00***	−0.028 00***	0.173 00***	1		
LNSIZE	0.028 00***	0.094 00***	0.015 00	0.135 00***	−0.007 00	0.192 00***	0.511 00***	1	
Tobin's Q	0.001 00	−0.023 00***	0.048 00***	−0.023 00***	0.001 00	−0.018 00*	−0.102 00***	−0.197 00***	1

注：*<0.05，**<0.01，***<0.001。P值<0.05（最低的显著意义）；P值<0.01（中等程度的显著意义）；P值<0.001（最高的显著意义）。显著性水平分别由*，**，***表示。

时，无共线性问题发生，多元回归分析后的结果并不会受到各个变量之间相关关系的影响。

如表6-3，展示了不同变量的 Peaeson 相关系数，在1%水平上，关联交易与 ICI 呈现负相关关系，其与之前提出的假设相吻合；在1%水平下，资金占用与内部控制有效性呈负相关关系，可见资源占用率随内部控制制度有效率的提升而降低。内部控制是否存在缺陷与资金占用和关联交易均在1%的水平下显著正相关，说明内部控制如果存在缺陷，则为大股东的掏空行为提供了便利条件，"掏空"程度加重。根据相关性结果可知，各个变量的设置比较合理，符合本书关于内部控制质量与掏空行为的假设。进一步的验证还需要通过回归分析得到最终的结论。

2.2.2 回归结果

（1）内部控制缺陷与两权分离程度的回归结果与分析。首先将上市公司的内部控制缺陷作为因变量，构建逻辑线性回归模型6-1。两权分离度 VC 作为主要自变量，杠杆水平、上市公司规模和 Tobin's Q 值为控制变量，并控制年度和行业数据，代入模型中，得到回归分析结果，如表6-4所示。

表6-4 模型6-1的回归分析结果

	(1)
	ICDEFICIENCY
VC	0.009 520*
	(2.100 000)
LEV	0.002 090***
	(8.150 000)
LNSIZE	0.042 700***
	(10.330 000)
Tobin's Q	0.000 759
	(1.810 000)
Year	Controlled
Industry	Controlled
AdjR-squared	0.076 600
_ cons	−0.869 000***
	(−9.500 000)
N	10 756

注：* ＜0.05，** ＜0.01，*** ＜0.001。P 值＜0.05（最低的显著意义）；P 值＜0.01（中等程度的显著意义）；P 值＜0.001（最高的显著意义）。显著性水平分别由 *，** ，*** 表示。

内部控制缺陷与两权分离度在 10% 的水平下显著正相关，系数为 0.009 520，这说明两权分离加重了上市公司内部控制缺陷的可能性。两权分离的程度越大，会计信息的透明度、自愿性披露的程度、自愿披露内控自我评价报告的可能性越低，内部控制存在的漏洞越大，内部控制缺陷存在的可能性越大。终极控制股东以较少的现金流来管控公司，他们利用转移利润、关联担保、资金占用等手段攫取中小股东利益的动机较强，为了保证侵占行为的隐蔽性，大股东常常通过粉饰财务报表来掩盖其掠夺行为，这使得财务报表真实性和可靠性下降，从而上市公司存在着严重的内部控制缺陷。假设 H8 得到验证。

（2）内部控制质量与大股东侵占行为的回归结果与分析。表 6-5 列示的是以资金占用、关联交易和关联担保作为被解释变量，对模型 6-2、6-3 进行 OLS 回归的结果。其中，以迪博公司提供的内部控制指数（ICI）代表的上市公司内部控制水平与资金占用的系数为 -0.001 770，且在 1% 的水平上显著，说明公司的内部控制指数越大，大股东占用企业资金的程度就越低；-0.001 280 为关联交易 RPT 与 ICI 的系数，其在 1% 水平呈现负相关关系。可见，随着内部控制指数的提升，大股东依靠关联交易形式"掏空"的程度会不断降低；ICI 也与关联交易 $RPT2$ 在 1% 的水平下显著负相关，内部控制指数越高，关联交易中上市公司为关联方提供资金的发生额越低；ICI 与关联采购 $RPT1$ 的关系虽为负值但并不显著，但总体上说明内部控制指数增加，大股东"掏空"程度降低。

以内部控制是否有效（ICVALID）代表的上市公司的内部控制质量与资金占用的系数为 -1.390 000，且在 5% 的水平下显著负相关，说明内部控制制度越有效，大股东资金占用程度越低；$ICVALID$ 与关联交易并没有得到显著的回归结果。内部控制缺陷 ICD 与资金占用的系数为正，但结果并不显著，但与关联交易 RPT、$RPT1$、$RPT2$ 均在 1% 的水平下显著正相关，说明内部控制缺陷越多，大股东通过关联交易方式攫取私利的程度越高，然而为了保证其侵占行为的隐蔽性，大股东常常通过粉饰财务报表来掩盖其掠夺行为，披露程度降低，缺陷的可能性越大。

经上述研究结果表明，在对其他变量控制状况下，内部控制质量较好的公司为上市公司，在此状况下，大股东的"掏空"程度也相对较低。也就是说，提高企业内部控制的质量，可以有效地抑制大股东掏空行为。假设 H9 得到验证。

表 6 - 5　模型 6 - 2、6 - 3 的回归分析结果

	(1)	(2)	(3)	(4)	(5)
	OCCUPY	*RPT*	*RPT*1	*RPT*2	*RPT*3
ICI	−0.001 770***	−0.001 280***	−0.000 548	−0.000 604***	−0.000 863
	(−6.800 000)	(−4.220 000)	(−1.910 000)	(−3.970 000)	(−1.320 000)
ICVALID	−1.390 000**	0.995 000	0.271 000	0.677 000*	−0.138 000
	(−2.970 000)	(1.820 000)	(0.530 000)	(2.480 000)	(−0.120 000)
ICDEFICIENCY	0.067 200	0.415 000***	0.258 000***	0.185 000***	−0.376 000*
	(1.080 000)	(5.700 000)	(3.770 000)	(5.070 000)	(−2.400 000)
*COMMITTEE*4	0.345 000**	0.174 000	0.140 000	0.046 200	−2.014 000***
	(2.660 000)	(1.150 000)	(0.980 000)	(0.610 000)	(−6.170 000)
LNSIZE	−0.200 000***	0.174 000***	0.174 000***	0.014 800	0.401 000***
	(−7.040 000)	(5.240 000)	(5.560 000)	(0.890 000)	(5.600 000)
LEV	0.025 700***	0.018 100***	0.016 100***	0.003 090**	0.131 000***
	(15.550 000)	(9.390 000)	(8.880 000)	(3.210 000)	(31.420 000)
Tobin's Q	−0.000 019 1	−0.000 099 9	−0.000 030 8	−0.000 117 0	−0.007 170 0
	(−0.010 000)	(−0.030 000)	(−0.010 000)	(−0.070 000)	(−1.060 000)
Year			Controlled		
Industry			Controlled		
AdjR-squared	0.082 000	0.042 000	0.045 000	0.017 000	0.182 000
_ cons	7.965 000***	−4.091 000***	−3.820 000***	−0.632 000	−9.415 000***
	(10.650 000)	(−4.690 000)	(−4.660 000)	(−1.450 000)	(−5.010 000)
N	11 150	11 150	11 150	11 150	11 150

注：*<0.05，**<0.01，***<0.001。P 值<0.05（最低的显著意义）；P 值<0.01（中等程度的显著意义）；P 值<0.001（最高的显著意义）。显著性水平分别由*，**，***表示。

（3）股权集中和产权性质对内部控制质量的影响。为对股东集中度是否会对上市公司内部控制质量产生影响进行考察研究，将股权集中度与内部控制的交互项 $ICI×SH1$ 加入 6 - 2、6 - 3，即可获得模型 6 - 4。在模型 6 - 2、6 - 3 的回归结果中，内部控制指数与大股东掏空行为的关系是最为显著的，因此在模型 6 - 4 的分析中本书只选用了 ICI 作为内部控制质量的替代变量。其回归结果如表 6 - 6 所示，$ICI×SH1$ 与资金占用的回归系数为 0.000 075 2，并且在 1% 的水平上显著正相关，这表明股权集中度对内部控制制度的

有效性产生重要的影响，内部控制对资金所产生的侵占行为效果会受到第一大股东持股比例较高的抑制。在 10% 水平下，关联交易 RPT 与交互项呈现负相关关系，随着其持股比例的增加，并不会减轻依靠内部控制所抑制的关联交易效果。相反，在第一大股东高持股的情况下，内部控制能抑制通过关联交易进行的掏空行为。这与预期假设相悖。因此，假设 H10 得到部分验证。

表 6 - 6　模型 6 - 4、6 - 5 的回归分析模型

	(1)	(2)	(1)	(2)
	OCCUPY	OCCUPY	RPT	RPT
ICI	−0.003 660 0 ***	−0.002 770 0 ***	0.000 035 6	−0.000 990 0 *
	(−6.480 000)	(−7.930 000)	(0.050 000)	(−2.480 000)
SH1	−0.060 900 ***		0.039 600 ***	
	(−6.120 000)		(3.430 000)	
ICI×SH1	0.000 075 2 ***		−0.000 034 9 *	
	(4.970 000)		(−1.990 000)	
SOE		−2.116 000 ***		1.074 000 **
		(−6.890 000)		(3.050 000)
ICI×SOE		0.002 970 ***		0.000 245
		(6.310 000)		(0.450 000)
LEV	0.024 200 ***	0.025 500 ***	0.018 900 ***	0.014 900 ***
	(14.810 000)	(15.500 000)	(9.970 000)	(7.920 000)
LNSIZE	−0.139 000 ***	−0.156 000 ***	0.157 000 ***	0.081 500 **
	(−5.170 000)	(−5.780 000)	(5.060 000)	(2.630 000)
Tobin's Q	−0.002 490	−0.002 630	−0.000 620	−0.000 673
	(−0.910 000)	(−0.960 000)	(−0.200 000)	(−0.220 000)
OPTION	1.716 000 ***	1.723 000 ***	0.618 000 **	0.572 000 *
	(8.460 000)	(8.500 000)	(2.630 000)	(2.460 000)
Year		Controlled		
Industry		Controlled		
AdjR-squared	0.090 000	0.090 000	0.043 000	0.063 000
_ cons	6.960 000 ***	6.418 000 ***	−4.229 000 ***	−1.785 000 *
	(10.340 000)	(10.380 000)	(−5.420 000)	(−2.520 000)
N	11 559	11 559	11 559	11 559

注：* <0.05，** <0.01，*** <0.001。P 值<0.05（最低的显著意义）；P 值<0.01（中等程度的显著意义）；P 值<0.001（最高的显著意义）。显著性水平分别由 * ，** ，*** 表示。

为验证产权性质对内部控制与大股东侵占行为关系的影响，引入交互项 $ICI \times SOE$ 对模型 6-5 进行了回归。在表 6-6 中表明，在 1% 及 5% 水平下，关联交易与资金占用及内部控制指数呈负相关关系，高质量内部控制抑制了大股东掏空行为，$ICI \times SOE$ 与资金占用的系数为 0.002 970，且在 1% 的水平上显著正相关，说明国有企业的国有性质使得内部控制制度的效率下降，弱化了内部控制对资金占用的抑制作用。$ICI \times SOE$ 与关联交易所得的系数为 0.000 245，方向为正但并不显著，这说明国有企业对内部控制质量的弱化对关联交易有一定作用，但并不显著。产权性质在内部控制与大股东掏空行为的关系之间起调节作用。国有企业的国有性质使得企业内部控制施行效率受限，从而内部控制对掏空行为的抑制作用不太明显。综上，假设 H11 得到基本验证。

2.3　稳健性检验

　　在稳健性检验中，将企业分为国有企业和非国有企业，将其代入模型 5-1 和模型 5-2 进行回归分析。结果如表 6-7 所示，大多数国有企业的"隧道挖掘"程度要高于非国有企业。研究表明，与非国有企业相比，国有企业内部控制对大股东掏空行为的抑制作用会减弱。因此，支持假设 H11，回归结果是稳健的。

表 6-7　SOE 稳健性检验

	(1)	(2)	(3)	(4)
	OCCUPY		RPT	
	State	Non State	State	Non State
ICI	−0.000 397	−0.003 520***	−0.000 892	−0.001 200**
	(−1.070 000)	(−5.010 000)	(−1.430 000)	(−2.670 000)
LEV	0.026 100***	0.027 500***	0.023 400***	0.008 820***
	(5.340 000)	(7.120 000)	(6.460 000)	(4.060 000)
LNSIZE	−0.097 900	−0.205 000***	0.119 000	−0.017 900
	(−1.680 000)	(−3.310 000)	(1.930 000)	(−0.420 000)
Tobin's Q	0.046 100	−0.001 860	−0.013 400	−0.001 000
	(1.310 000)	(−0.940 000)	(−0.750 000)	(−1.790 000)
Year	−0.036 100	−0.035 500	−0.607 000**	−0.420 000***

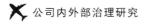

（续）

	(1)	(2)	(3)	(4)
	OCCUPY		RPT	
	State	Non State	State	Non State
Industry	−2.001 000 ***	1.551 000 *	1.252 000 ***	0.533 000 *
	(−3.880 000)	(2.310 000)	(3.540 000)	(2.130 000)
R-squared	0.095 000	0.098 000	0.051 000	0.017 000
_ cons	4.512 000 ***	6.882 000 ***	−2.264 000	1.215 000
	(3.660 000)	(4.730 000)	(−1.790 000)	(1.410 000)
N	4 664	6 894	4 664	6 894

注：* <0.05，** <0.01，*** <0.001。P 值 <0.05（最低的显著意义）；P 值 <0.01（中等程度的显著意义）；P 值 <0.001（最高的显著意义）。显著性水平分别由 *，**，*** 表示。

1998 年，Kraay-Driscoll 标准误差被提出，其依据为不平衡面板数据及混合 OLS，该误差结构主要为异方差的假定，存在滞后的及自相关的假定，且其与组（面板）存在相关性。当时间维变大时，Driscoll-Kraay 标准误差具有稳健性的时间依赖形式和横截面，这一标准误差可以让面板数据自相关问题及异方差的问题得到解决，依据回归结果表明，该标准误差结果并未存在明显变化，具有稳健的研究结果（表 6-8）。

表 6-8　Driscoll-Kraay 标准误差的稳健性检验

	(1)	(2)	(3)	(4)
	OCCUPY	RPT _ w	RPT1 _ w	RPT2 _ w
ICI	−0.001 790 *	−0.001 220 *	−0.000 341	−0.000 722 **
	(−4.350 000)	(−3.570 000)	(−0.770 000)	(−8.530 000)
LEV	0.025 500 ***	0.020 300 **	0.018 700 *	0.002 970 *
	(21.600 000)	(5.870 000)	(3.950 000)	(4.360 000)
LNSIZE	−0.171 000 *	0.165 000 ***	0.139 000	0.036 100
	(−3.380 000)	(16.460 000)	(1.700 000)	(0.600 000)
Tobin's Q	0.000 300	−0.000 549	−0.000 125	−0.000 457
	(0.240 000)	(−2.070 000)	(−0.330 000)	(−1.610 000)
Year		Controlled		
Industry		Controlled		
R-squared	0.083 000	0.037 000	0.032 000	0.010 000

（续）

	(1)	(2)	(3)	(4)
	OCCUPY	*RPT＿w*	*RPT1＿w*	*RPT2＿w*
＿cons	7.429 000 ***	−4.103 000 ***	−3.534 000	−0.895 000
	(19.470 000)	(−11.450 000)	(−2.130 000)	(−0.740 000)
N	11 149	11 149	11 149	11 149

注：* ＜0.05，** ＜0.01，*** ＜0.001。P 值＜0.05（最低的显著意义）；P 值＜0.01（中等程度的显著意义）；P 值＜0.001（最高的显著意义）。显著性水平分别由 *，**，*** 表示。

3　小　　结

本书选择上海、深圳证券交易所 A 股上市公司及 2013—2017 年间深圳市迪博企业风险管理技术有限公司发布的中国上市公司内部控制指数，对大股东掏空行为与内部控制质量之间的关系开展了实证检验，经研究表明，大股东掏空行为与内部控制质量之间存在负相关性，促进内部控制质量的提升，可有效地对大股东掏空行为产生抑制效果，经进一步研究表明，大股东掏空行为及内部控制之间的负相关性会受到大股东集中度的影响；而且，产权性质在内部控制与大股东掏空行为的关系中起调节作用。与国有企业相比，非国有企业内部控制对大股东掏空行为的抑制作用更为显著。国有企业管理体系缺乏相应的弹性，其实际控制人大多为资产管理委员会或其他各级政府部门，对上市公司常常采用行政手段进行管理和干预，这在一定程度上影响了企业内部控制制度的实际效率。

可见，大股东掏空行为会受到内部控制因素制约，只有强化内部控制制度建设，才有利于促进内部控制有效性的提升。健全有效的内部控制是企业持续稳步发展的重要保障。当企业内部控制效率较低或无效时，大股东很容易抓住内部控制漏洞，从而损害中小股东及企业的利益，影响资本市场的健康发展。

第七章
独立审计与大股东掏空行为的实证研究

1　研究设计

1.1　主要变量说明

本书中，将 $Big4$ 作为对上市企业选择审计师变量衡量的主要因素，$Big4$ 即国际四大会计师事务所的年度审计，包括普华永道中天、德勤华永、安永华明、毕马威华振，此情况下取值为 1，若是不满足情况下，取值为 0。从审计成本出发，$Lnfee$ 这一上市企业支付的审计成本总值就是审计费用的衡量标准。

当前，否定、无法表示、保留、标准带说明及标准无保留等审计意见均属于我国审计意见的重要组成，本书中，非标准意见中包含标准带说明的审计意见、非标准及标准意见均属于审计意见的重要类型。审计意见的类型采用虚拟变量 $OPTION$ 表示。当审计意见类型为非标准审计意见时，$OPTION$ 取值为 1；当审计意见类型为标准审计意见时，则 $OPTION$ 变量取值为 0。

为了更好地验证假设 H11，第一大股东持股比例与高质量审计的需求是否存在倒 U 形关系，所以将第一大股东持股比例进行平方取值，并且为了避免解释变量的共线性，将其中心化处理，得到变量 $CSH1sq$，即 $SH1$ 中心化处理后的平方数。鉴于股权集中度以及股权制衡已经在第五章进行定义，在此不再赘述。其他变量设计如表 7 - 1 所示。

表 7 - 1 变量设计

变量名称	变量符号	变量定义
审计意见类型	$OPTION$	当审计意见类型为非标准审计意见时，$OPTION$ 取值为 1，否则取值为 0
审计费用	$Lnfee$	上市公司审计费用总额的自然对数
四大会计师事务所	$Big4$	年度审计师是普华永道中天、德勤华永、安永华明、毕马威华振国际四大会计师事务所时，取值为 1，否则为 0
$CSH1sq$	$CSH1sq$	SH1 中心化后的平方数

1.2 样本选择和数据来源

外部审计样本数据主要取自于国泰安数据库（CSMAR），其中数据缺失者通过巨潮资讯网（www.cninfo.com.cn）公布的年度报告查找而来。

1.3 模型设计

为了验证股权结构与会计师事务所选择的关系，构建逻辑线性回归模型：

$$\text{Logistic}(Big4_{i,t}) = \alpha_0 + \beta_1 SH1 + \beta_2 SH21 + \beta_3 SH25 + \beta_4 CSH1sq$$
$$+ \beta5 CONTROL + \sum Industry + \sum Year + \varepsilon_{i,t}$$

$$(7-1)$$

为了验证大股东掏空行为与审计选择的关系，构建回归模型：

$$OCCUPY_{i,t} = \alpha_0 + \beta_1 Big4 + \beta_2 lnfee + \beta_3 OPTION + \beta_4 CONTROL$$
$$+ \sum Industry + \sum Year + \varepsilon_{i,t} \qquad (7-2)$$

$$RPT_{i,t}/RPT1_{i,t}/RPT2_{i,t}/RPT3_{i,t} = \alpha_0 + \beta_1 Big4 + \beta_2 lnfee$$
$$+ \beta_3 OPTION + \beta_4 CONTROL$$
$$+ \sum Industry + \sum Year + \varepsilon_{i,t}$$

$$(7-3)$$

为了验证审计意见类型与大股东侵占行为之间的关系，构建逻辑线性回归模型：

$$\text{Logistic}(OPTION_{i,t}) = \alpha_0 + \beta_1 OCCUPY + \beta_2 RPT_{i,t}/RPT1_{i,t}/RPT2_{i,t}/RPT3_{i,t}$$

$$+ \beta_3 SH1 + \beta_4 SH21 + \beta_5 SH25 + \beta_6 CONTROL$$

$$+ \sum Industry + \sum Year + \varepsilon_{i,t} \qquad (7-4)$$

2 实证分析结果

2.1 描述性统计

从描述性统计分析结果来看，$Big4$ 的市场占有率为 5.5%。这个数字远远低于英美国家，以及部分东亚国家，非标准审计意见的平均数为 0.022，审计费用自然对数的均值为 13.650，最小值和最大值直接差异不大，分别为 11.510 000 和 17.98。这说明我国审计市场的质量相对比较稳定，但在事务所选择和审计报告意见方面都有待进一步完善。特别是国际四大会计师事务所在我国审计市场的占用率并不高，而国内事务所参差不齐，这在一定程度上局限了本书关于审计选择的研究，这也是本书的不足之处（表 7-2）。

表 7-2 外部审计与大股东掏空行为的描述性统计

变量	样本量	均值	标准差	最小值	最大值
$OCCUPY$	12 068	1.740	3.133	0	70.88
RPT	12 068	1.054	3.432	−0.009 760	18.96
$RPT1$	12 068	0.760	3.216	0	25.14
$RPT2$	12 068	0.324	1.714	−0.300 000	13.63
$RPT3$	12 068	5.147	8.008	0	34.01
$OPTION$	12 068	0.022	0.147	0	1.00
$Big4$	12 068	0.055	0.227	0	1.00
$lnfee$	12 068	13.650	0.680	11.510 000	17.98
LEV	12 068	0.425	0.208	0.007 969	1.06
$LNSIZE$	12 068	22.200	1.307	15.580 000	28.51
$Tobin's\ Q$	12 068	2.634	10.220	0.006 950	983.00

表 7 - 3　外部审计与大股东掏空行为的相关性分析

	OCCUPY	RPT	SH1	SH25	CSH1sq	VC	OPTION	Big4	lnfee	LEV	LNSIZE	Tobin's Q
OCCUPY	1											
RPT	0.007 00	1										
SH1	−0.062 00***	0.088 00***	1									
SH25	−0.041 00***	−0.069 00***	−0.350 00***	1								
CSH1sq	−0.009 00	0.060 00***	0.402 00***	−0.238 00***	1							
VC	0.039 00***	0.015 0*	−0.068 00***	−0.030 00***	−0.028 00***	1						
OPTION	0.123 00***	0.033 00***	−0.060 00***	−0.006 00	0.002 00	0.010 00	1					
COMMITTEEA	0.016 00***	0.037 00***	0.158 00***	0.057 00***	0.114 00***	0.017 00*	−0.024 00***	1				
lnfee	0.081 00***	0.047 00***	0.143 00***	0.081 00***	0.140 00***	0.012 00	−0.024 00***	0.463 00***	1			
LEV	0.180 00***	0.125 00***	0.087 00***	−0.155 00***	0.039 00***	0.040 00***	0.090 00***	0.121 00***	0.345 00***	1		
LNSIZE	0.028 00***	0.094 00***	0.235 00***	−0.030 00***	0.179 00***	0.015 00	−0.082 00***	0.368 00***	0.743 00***	0.511 00***	1	
Tobin's Q	0.001 00	−0.023 00*	−0.041 00***	0.022 00*	−0.007 00	0.048 00***	0.109 00***	−0.033 00***	−0.094 00***	−0.099 00***	−0.193 00***	1

注：$*<0.05$，$**<0.01$，$***<0.001$。P 值 <0.05（最低的显著意义）；P 值 <0.01（中等程度的显著意义）；P 值 <0.001（最高的显著意义）。显著性水平分别由 $*$，$**$，$***$ 表示。

2.2 回归分析结果

2.2.1 相关性分析

依据相关性分析，对各个变量之间的相关系数进行研究，相关系数在 0.65 以下，依靠多重共线性检验方式，VIF 这一主要变量数据远远在 10 以下，其说明主变量之间未存在共线性问题，多元性回归分析结果解释力不受变量的相关关系影响（表 7 - 3）。

依据实验分析结果表明，第一大股东持股比例在 1％ 的水平下与审计选择 $Big4$ 呈正比例关系，可见聘用水平较高的审计师开展上市公司的审计工作大都为大股东持股比例较高时进行的，以更好地对代理成本进行缩减。在 10％ 水平情况下，审计师选择与两权的分离程度呈正比例关系，现金流权及控制权不断提升的分离程度会增加审计需求。控股制衡指标 $SH25$ 在 1％ 的水平上与审计选择呈正比例关系，可见采取高等级会计师事务所进行审计大都由股权制衡度较高的上市公司开展。$Big4$ 与资金占用和关联交易分别在 10％ 和 1％ 的水平下显著正相关，说明大股东占股问题和关联交易越严重的公司，越倾向于选择高质量的审计师。在股权结构与审计费用方面，第一大股东持股比例 $SH1$ 与股权制衡 $SH25$ 与 $lnfee$ 均在 1％ 的水平下显著正相关，与本书预期假设一致，说明在股权集中的国家，审计的选择成为中小股东保护自身合法权益、牵制大股东的重要途径。在 1％ 水平下，关联交易及资金占用与审计意见类型呈正比例关系，可见在资金占用程度越高的上市公司，大股东掏空行为越会被出具非标准的审计意见。本书所提出的假设依据相关性分析结果被很好地进行了验证。

2.2.2 回归分析及结果

（1）审计事务所选择与股权结构的回归结果与分析。虚拟变量以替代变量 $Big4$ 进行审计，会计师事务所选择为普华永道中天、德勤华永、安永华明、毕马威华振四大会计师事务所情况下，$Big4$ 取值为 1，其余情况下取值为 0。因此将 $Big4$ 作为被解释变量构建逻辑线性回归模型，将第一大股东持股比例 $SH1$、股权制衡 $SH21$ 和 $SH25$、中心化的第一大股东持股比例平方和 $CSH1sq$、两权分离度 VC 作为解释变量，控制审计报告类型、财务杠杆、公司规模和 $Tobin's\ Q$ 值以及年度行业虚拟变量，代入回归模型中，得到回归结果，如表 7 - 4。

表 7 - 4　模型 7 - 1 的逻辑线性回归结果

	Big4
SH1	0.095 30 ***
	(5.440 00)
SH25	−0.011 30
	(−1.260 00)
SH21	2.314 00 ***
	(5.280 00)
CSH1sq	−5.916 00 **
	(−3.280 00)
VC	0.136 00 ***
	(4.160 00)
OPTION	−0.316 00
	(−0.630 00)
LEV	−0.017 80 ***
	(−5.570 00)
LNSIZE	1.137 00 ***
	(24.130 00)
Tobin's Q	0.007 70
	(1.110 00)
Year	Controlled
Industry	Controlled
R-square	0.320 00
_ cons	−32.930 00 ***
	(−22.490 00)
N	10 879

注：* ＜0.05，** ＜0.01，*** ＜0.001。P 值＜0.05（最低的显著意义）；P 值＜0.01（中等程度的显著意义）；P 值＜0.001（最高的显著意义）。显著性水平分别由 * ，** ，*** 表示。

在 1% 水平下，第一大股东持股的比例与审计选择存在正比例关系，相关系数数值为 0.095 30，上市公司对审计水平要求越高，第一大股东持股比例也就越高，随着其持股比例的上升，其权益会与公司权益存在相关性，也会拥有更强的管理者监督和制约能力。第一类代理问题相对减弱，但是现阶段我国上市公司内部治理机制尚不完善，高质量外部审计这一外部监督机制具有一定的替代治理效应，可以有效制约大股东的侵占行为，降低代理成本。于是，大股东会倾向于聘请高质量的外部审计，以提升公司信息披露质量，维护其良好声誉，增加企业价值。假设 H12a 得到验证。

进而，大股东持股的比例不断增加，大股东与中小股东之间第二类代理问题会日益凸显。为了验证股权集中度与外部审计需求是否存在"壕沟"效应，本书引入了第一大股东持股比例中心化后的平方作为验证假设的主要自变量。研究表明，Big4 及 CSH1sq 系数为负值，在水平为 5％的情况下，存在相关性，在第一大股东持股比例较高的情况下，对公司的控制能力逐步提高，更易发生"隧道挖掘"效应或掏空行为，为了避免利益侵占或掏空行为被发现，大股东的动机为披露虚假信息或者隐瞒重要信息，大股东已经不要求由水平较高的审计事务为其工作。大股东的持股比例增加到一定比例后，对高质量审计的需求下降。这一结论支持了假设 H12b。股权集中度与外部审计需求的激励效应和"壕沟"效应同时得到验证，由高质量会计师事务所为上市公司提供外部审计，有着很强的信号传递作用，能够在一定程度上保护中小股东的合法权益。

总体上，在"一股独大"的公司股权形式下，大股东是不会愿意聘请高质量的外部审计机构来揭露自己侵害中小股东和公司利益的现实，而在股权制衡的状态下，其他股东为了能更好地披露和监督大股东，就更愿意聘请高质量的外部审计机构来进行审计监督。股权制衡 SH21 与 Big4 在1％的水平下显著正相关，说明随着第二大股东持股比例增加，对第一大股东起到一定制衡作用，上市公司更倾向于聘请高质量会计师事务所进行独立审计。但 SH25 与 Big4 的关系并不显著，假设 H13 得到部分验证。

两权分离度 VC 与审计选择在 1％的水平下显著正相关，说明控制权和现金流权分离程度越高，上市公司越倾向于聘请高质量的审计机构来进行独立审计，以降低代理成本。综上所述，在股权结构与审计选择的回归分析中，H12 得到支持，H13 得到部分支持。

（2）审计质量需求与大股东掏空行为。为了检验审计选择与大股东掏空行为的关系，本书构建回归模型 7-2、7-3，资金占用、关联交易和关联担保分别为因变量，Big4、lnfee 作为主要自变量，对审计报告类型进行控制，对净资产收益率、企业建设规模及杠杆等进行分析，回归分析结果见表 7-5 所示。描述性统计结果显示，Big4 的市场占有率不高，如果只用 Big4 来分析上市公司的外部审计质量的话，有失公允，因此加入审计费用这一变量来增强上市公司的审计质量需要。审计费用越高，审计耗费的时间和成本越高，审计质量越高。

表 7-5　模型 7-2、7-3 的回归分析结果

	(1)	(2)	(3)	(4)	(5)
	OCCUPY	RPT	RPT1	RPT2	RPT3
Big4	-0.162 000	0.406 000**	0.369 000*	0.073 700	-2.745 000***
	(-1.230 000)	(2.590 000)	(2.510 000)	(0.940 000)	(-8.130 000)
lnfee	0.636 000***	-0.333 000***	-0.263 000***	-0.088 500*	0.816 000***
	(10.090 000)	(-4.460 000)	(-3.760 000)	(-2.360 000)	(5.080 000)
OPTION	1.746 000***	0.800 000***	0.491 000*	0.273 000*	-1.216 000*
	(9.140 000)	(3.540 000)	(2.310 000)	(2.410 000)	(-2.500 000)
LEV	0.024 900***	0.018 500***	0.015 600***	0.003 800***	0.134 000***
	(15.430 000)	(9.720 000)	(8.690 000)	(3.970 000)	(32.710 000)
LNSIZE	-0.420 000***	0.304 000***	0.278 000***	0.051 500*	0.005 360
	(-11.780 000)	(7.200 000)	(7.010 000)	(2.430 000)	(0.060 000)
ROE	-0.002 570*	-0.002 710	-0.002 400	-0.000 540	0.004 470
	(-2.170 000)	(-1.930 000)	(-1.820 000)	(-0.770 000)	(1.480 000)
Tobin's Q	-0.004 440 0	0.000 073 7	0.000 151 0	0.000 012 5	-0.009 560 0
	(-1.640 000)	(0.020 000)	(0.050 000)	(0.010 000)	(-1.390 000)
Year			Controlled		
Industry			Controlled		
AdjR-squared	0.093 000	0.039 000	0.044 000	0.014 000	0.186 000
_cons	1.735 000*	-2.303 000**	-2.594 000***	0.006 650	-12.490 000***
	(2.500 000)	(-2.800 000)	(-3.360 000)	(0.020 000)	(-7.050 000)
N	11 442	11 442	11 442	11 442	11 442

注：$*<0.05$，$**<0.01$，$***<0.001$。P 值<0.05（最低的显著意义）；P 值<0.01（中等程度的显著意义）；P 值<0.001（最高的显著意义）。显著性水平分别由 $*$，$**$，$***$ 表示。

　　首先，Big4 与资金占用的系数为负，但不显著，聘请了高质量会计师事务所的上市公司资金侵占降低，但不明显。Big4 与关联交易的系数均为正，且与 RPT 和 RPT1 分别在 5% 和 10% 的水平下显著正相关，聘请高质量的外部审计机构的上市公司，其关联交易程度并没有降低，这一结果与预期假设相反。总体上回归并没有达到预期结果，我国审计市场中国际四大会计师事务所的市场占有率与欧美国家相比存在很大差距，因此单纯用国际四大会计师事务所（Big4）作为审计选择的替代变量，来验证其与大股东掏

空行为的关系，显著性会降低。

其次，审计费用支付与资金占用的系数为 0.636 0，且两者在 1% 的水平下显著正相关，资金占用程度高的上市公司更有意愿支付高的审计费用，以降低代理成本。审计费用与关联交易的系数均为负，且结果显著。说明支付了较高审计费用的上市公司，在审计过程中付出的时间和成本较高，降低了大股东和中小股东的代理成本，从而关联交易程度降低，"掏空"程度降低。这一结果与假设相符。综上，假设 H14 得到部分验证。

（3）审计意见类型（审计质量）与大股东掏空行为。为了验证审计供给质量与大股东掏空行为的关系，本书构建逻辑线性模型 7-4。审计意见类型为因变量，资金占用、关联交易和关联担保分别作为自变量，控制 $Big4$、LEV、公司规模、$Tobin's\ Q$ 值和年度行业变量，得到回归结果如表 7-6 所示。

表 7-6　模型 4-4 的回归分析结果

	(1)	(2)	(3)	(4)	(5)
	OPTION	*OPTION*	*OPTION*	*OPTION*	*OPTION*
OCCUPY	0.054 7***				
	(4.540 0)				
RPT		0.061 1***			
		(4.210 0)			
*RPT*1			0.047 1**		
			(3.020 0)		
*RPT*2				0.074 5**	
				(2.670 0)	
*RPT*3					−0.010 6
					(−1.190 0)
*COMMITTEE*4	−0.227 0	−0.186 0	−0.184 0	−0.168 0	−0.182 0
	(−0.480 0)	(−0.400 0)	(−0.390 0)	(−0.360 0)	(−0.380 0)
LEV	0.042 1***	0.044 2***	0.044 3***	0.044 9***	0.045 8***
	(11.830 0)	(12.650 0)	(12.700 0)	(12.870 0)	(12.930 0)
LNSIZE	−0.543 0***	−0.582 0***	−0.580 0***	−0.577 0***	−0.562 0***
	(−7.300 0)	(−7.880 0)	(−7.860 0)	(−7.820 0)	(−7.570 0)
Tobin's Q	0.038 2*	0.039 1*	0.038 3*	0.038 0*	0.036 8*
	(2.500 0)	(2.500 0)	(2.470 0)	(2.450 0)	(2.420 0)
Year			Controlled		

（续）

	(1)	(2)	(3)	(4)	(5)
	OPTION	OPTION	OPTION	OPTION	OPTION
Industry			Controlled		
R-square	0.160 0	0.150 0	0.150 0	0.150 0	0.150 0
_ cons	6.747 0 ***	7.734 0 ***	7.677 0 ***	7.601 0 ***	7.305 0 ***
	(4.230 0)	(4.900 0)	(4.860 0)	(4.810 0)	(4.600 0)
N	11 447	11 447	11 447	11 447	11 447

注：* <0.05，** <0.01，*** <0.001。P 值<0.05（最低的显著意义）；P 值<0.01（中等程度的显著意义）；P 值<0.001（最高的显著意义）。显著性水平分别由 *，**，*** 表示。

0.054 7 为资金占用与审计意见种类的系数，在 1% 水平下二者呈现正比例关系，可见非标准审计意见在资金占用程度较高的上市公司更易被出具。审计意见类型与关联交易 RPT、$RPT1$、$RPT2$ 分别在 1%、5% 和 5% 的水平下显著正相关，说明关联交易程度高的上市公司更容易被出具非标准审计意见；审计意见类型与关联担保 $RPT3$ 并没有得到显著的回归结果。依据上述内容，其与预期建设结果相吻合，非标准审计意见大都由大股东"掏空"程度较高的上市企业出示，若是大股东的"掏空"程度越严重，则会出现更高的上市企业盈余管理，审计师与企业之间无法协同审计意见，非标准审计意见的出具概率更高。且若是在大股东严重影响管理交易及资金占用情况下，会产生严重的经济后果，对企业的正常生产经营产生不利影响，严重状况下，甚至会对上市企业财务管理产生不良影响，导致财务陷入困境，审计人员必须从自身出发，进行审计风险的规避，所以其必须经常出具非标准审计意见。以此对 H15 的假设进行了有效验证。

非标准审计意见及控制变量公司规模存在负相关关系，被出具非标准审计意见与负债的比值存在正向关系，公司的负债比例较高的情况下，非标准审计意见出具概率更高，其回归结果（控制变量）与理论预期结果相同。

3 小 结

本章数据主要来自 2013—2017 年间的我国深圳、上海证券交易所 A 股上市公司，经过研究表明，上市公司股权结构及大股东掏空行为二者与独立审计之间，经研究表明存在第一类代理问题。为对管理层以权谋私行为进行抑制，降低其对大股东及股东自身利益的损害，必须选择水平较高的审计师进行审计，但是若是第一大股东持股比例高到一定程度的情况下，将会产生第二类代理问题，降低其对审计师的要求。所以，审计需求与股权集中程度存在非线性关系，其关系曲线为倒 U 形。在大股东持股比例不断增加的情况下，若是其能够对其他股东的权益进行侵占的情况下，其对审计师的要求会降低。所以，股权集中程度与水平较高的审计需求存在"壕沟"效应和激励效应，股东为对自身权益进行保护，基本不受管理人员以权谋私、自私自利或者股东侵占行为的影响，若是其存在话语权，且话语权具有绝对性情况下，其更倾向于在股权制衡制度增加情况下用高质量审计师进行审计。依靠聘用高质量外部审计师对大股东掏空行为进行制约，实现维护权益的目的。

研究还发现，股权集中度与审计费用呈显著正相关关系，即由于高质量外部审计的替代治理效应和风险转移机制，事务所对股权较为集中的企业收取的审计费也较高。股权制衡度与审计费用也呈正相关关系，但在产权性质对股权集中度与审计费用关系的影响上，研究假设没有得到支持；相反，当非国有上市公司的第一大股东持股比例增加的时候，更有意愿支付更高的审计费用。首先，本书就企业选择高水平外部审计情况下分析大股东掏空行为。审计事务所选择的结果显示大股东掏空行为与 $Big4$ 正相关，审计费用与关联交易负相关。若是上市企业的审计成本增加，则大股东"掏空"程度会随之下降。其次，本书研究了大股东掏空行为与审计意见的相互作用。当上市公司大股东"掏空"程度增加时，会计师事务所更倾向于发表非标准审计意见，以此降低审计风险。财务信息性能的下降与非标准审计意见存在相关性，其对公司投资决策产生了负面影响，严重震慑了上市公司。

综上所述，在资本市场尚不完善的情况下，我国进一步深化股权分置改革，降低大股东持股比例，形成股权制衡以保护中小股东利益势在必行。外部审计作为独立的第三方，在降低代理成本，缓解代理冲突方面发挥着重要作用，特别是在我国"一股独大"的股权结构下，外部审计更应该提高审计质量，督促监督上市公司提高财务信息可信度。

第八章
结论与建议

本章第一部分内容是对全书开展研究的总结。第二部分内容为优化公司治理结构，促进内部控制质量的提升，提出针对性的外部审计制度意见。第三部分内容为促进全书研究创新程度的提升。第四部分内容为对研究的局限性进行分析。第五部分内容为从研究局限性出发，对需要重点研究的问题进行深入探讨。

1　研究结论

在对大股东与中小股东代理冲突、大股东掏空行为、内部控制和外部审计相关研究文献进行回顾的基础上，结合我国股权结构特点以及股权分置改革之后大股东"掏空"特点，本书从公司治理结构、内部控制以及外部审计三方面系统分析了与大股东掏空行为的影响关系。我国股票市场发展时间较短，属于新兴加转轨市场，缺少完善的司法体系及投资者保护制度，上市公司形成"一股独大"的畸形股权结构，与欧美成熟市场的公司治理主要基于第一类代理问题不同，在我国现金流权偏离严重，股权结构高度集中，大股东及中小股东之间存在的第二代理问题属于公司治理的主要内容。因此，本书从我国上市公司的股权结构特征出发，深入分析了公司治理结构与大股东掏空行为的作用机理，又从财务会计信息披露角度分析了内部控制和外部审计两方面对大股东掏空行为的作用机理。研究发现，公司治理结构的优化、内部控制制度和外部审计制度的完善对大股东掏空行为有一定的影响作用。现将书中主要结论总结如下。

首先，本书将股权结构对大股东掏空行为的影响进行了回归分析。通过对以往文献的梳理，本书提出了股权集中度与不同"掏空"方式之间存在不同的影响关系的假设，以及大股东是否存在"掏空"方式选择上的偏好、其他大股东的存在究竟如何影响第一大股东的掏空行为等问题。从上述问题出发，研究维度从股权集中、性质及制衡方面，对大股东掏空行为受到股权结构的影响进行分析。

研究表明，资金占用与第一大股东持股比例存在反比关系，关联交易与第一大股东持股比例呈正比例关系，结果与假设内容相符合。通过结果可以看出，大股东作为理性经济人，在选择"掏空"方式时，会考虑不同"掏空"方式的成本效益。特别是股权分置改革以来，直接性的资金占用等方式可能更易引起监管机构及其他投资者的关注，已经不是大股东首先选择的"掏空"方式，大股东更倾向于更为隐蔽的"掏空"方式。大股东占用的资金原本是应该用于公司的发展和拓展业务所必需的资源，但是其长期占用资金影响了公司的资金周转能力，限制了公司对外扩张投资发展的能力，甚至还会给公司带来巨额负债成本，严重影响上市公司的财务安全和价值提升。因此，资金占用攫取的利益是短期的，这并不是大股东所希望的。股权集中度与不同的大股东"掏空"方式之间存在着不同的影响关系。股权集中度越高，资金占用"掏空"方式程度越弱，而关联交易"掏空"方式的强度则逐渐增加。

在股权掏空行为及股权制衡度研究方面，资金占用与第二至第五股东持股比例呈反比例关系，与 $RPT2$、$RPT1$ 及 RPT 的关联交易呈反比例关系，可见在第二至第五大股东持股比例升高情况下，其资金占用率会不断降低，随之关联交易水平下降，"掏空"程度减弱。这一情况与假设相符合，若是其他股东对第一大股东的制衡力较强的情况下，其将拥有更大的谈判资本，可抑制第一大股东掏空行为。因此，其他大股东制衡度的增强能够在一定程度上抑制大股东的掏空行为。然而，第二大股东与第一大股东持股之比与关联交易呈显著正相关关系，即第二大股东对第一大股东制衡能力越高，关联交易程度越高，"掏空"程度越高，这与假设相反。这表明，第一及第二股东之间并非制衡关系，其在特定情况下，存在合谋联系。但这需要进一步的研究才能得到验证。第二大股东的控制权和话语权虽居于第一大股东之下，但同样有自利的利益驱动，而第一大股东为了更好地实施掏空行为，降低掏空行为成本，倾向于与其他大股东进行合谋，若此时其他大股东也存在获取掏空行为收益的意愿，那两者合谋的可能性便增强。

国有股大股东与非国有股大股东在利用资金占用方式"掏空"公司上不

存在明显的偏好差异。这一研究结论与假设不符，这可能与目前国家有关部门对大股东资金占用的监管和大力清理有关，使得不论国有股大股东还是非国有股大股东对于采用资金占用这一"掏空"方式都存在忌惮。交互项与关联交易呈显著正相关关系，说明与非国有股大股东相比，国有股大股东更倾向于利用关联交易方式"掏空"上市公司。股改后，不同股权性质的大股东在"掏空"方式的选择上存在不同的偏好，相比非国有股大股东，国有股大股东更偏好于关联交易这一"掏空"方式。

其次，回归分析独立董事制度及董事会对大股东掏空方式的影响，借助研究文献，本书从四大委员会设立状况、独立董事会比例及董事会规模出发，分析了其影响大股东掏空行为的状况。经研究表明，大股东掏空行为与董事会规模呈正比例关系，随着董事会规模的增加，其解决问题及沟通能力会随之下降，相反其会对董事会治理能力产生弱化效用。因此，董事会规模要适量，与上市公司的治理需求相匹配。研究结果还发现，独立董事比例和四大委员会的设立并没有实现预期的抑制作用，独立董事比例反而与资金占用和关联交易呈正相关关系。该情况表明，独立董事制度并未发挥实际效用。因此，必须不断完善我国独立董事制度，并进行独立董事市场的建立，对相关法律体系进行完善，对信息披露机制及董事市场甄别机制进行完善，构建董事任职的资格体系，构建培训机制，以更好地培养独立董事资源，促进董事资源合格性和独立性的提升。依靠独立董事激励制度及约束制度的建立，更好地对中小股东的权益进行保护。

再次，本书对内部控制制度和质量对大股东掏空行为的影响进行了回归分析。本书验证了两权分离与内部控制缺陷的正相关关系，结果表明两权分离加深了内部控制漏洞和缺陷的可能性。若是现金流权及控制权分离度较高的情况下，企业管控大都依靠大股东手中较少的现金流进行。他们利用转移利润、关联担保、资金占用等手段攫取中小股东利益的动机较强，为了保证侵占行为的隐蔽性，大股东会操纵内部控制信息的披露，使得中小股东不了解内部控制制度，而且大股东凭借较大的控制权使得监事会形同虚设，不能很好地发挥他们的监督作用，内部控制存在的缺陷不易被发现，从而利用内部控制缺陷为自己谋利。

本书重点对大股东掏空行为与内部控制质量之间的关系进行了分析，对其他变量控制状况下，大股东的"掏空"程度与内部控制指数存在反比例关系，关联交易与内部控制缺陷存在正比例关系。因此，提高企业内部控制质量，可以有效抑制大股东的掏空行为。内部控制是大股东掏空行为的一个重要制约因素，要防范和抑制企业中的"掏空"现象，必须加强内部控制制度建设，提高内部控制的有效性，健全有效的内部控制是企业持续稳步发展的重要保障。

大股东掏空行为关系及内部控制受到产权性质及股权集中度的影响，本书发现资金占用与股权集中度交互项之间存在正比例关系，可见股权集中度会严重影响内部控制制度。第一大股东较高的持股比例会弱化内部控制对资金侵占行为的抑制作用。但其与关联交易并没有得到显著的回归结果。股权结构作为公司治理的重要机制，会影响内部控制质量对大股东掏空行为的作用。中小股东应关注企业自身内部治理机制，通过优化股权结构等方式提高企业治理水平，从而提升企业内部控制和信息披露质量，改善资本市场信息环境。产权性质在内部控制与大股东掏空行为的关系中起调节作用。与国有企业相比，非国有企业内部控制对大股东掏空行为的抑制作用更为显著，非国有企业的内部控制更有效，内部控制质量更高，更倾向于对外披露较高质量的信息。

最后，本书对外部审计与大股东掏空行为的关系进行了回归分析。在归纳总结国内外相关研究文献的基础上，本书主要从审计需求与股权结构、审计选择与大股东掏空行为和审计质量与大股东掏空行为三个方面分析研究了外部审计对大股东掏空行为的影响，以期找到有效抑制大股东掏空行为的方法和途径。

本书采取规范研究与实证研究两种研究方式，分析了相关实务与中小股东权益审计保护的理论激励内容，若是公司的股权集中程度比较高的情况下，则其会产生严重的现金流权与控制权分离状况，大股东会对中小股东的权益进行侵犯，以此实现增加个人收益的目的。为更好地对中小股东的权益进行保护，减少大股东对其的掠夺，从独立审计的角度出发，本书研究了中小股东权益保护情况。依靠委托代理理论、契约不完备理论、信息不对称理论及产权不完整理论，对大股东的产权异化行为进行深入分析，对当前治理存在的缺陷进行研究，其为本书论述提供了理论依据，并依靠时政分析与规范分析两种形式，从审计供给和需求两个方面出发，开展了相关的实证验证和理论研究。

对外部审计需求与股权集中度关系的研究过程中，本书发现"壕沟"效应与激励效应共同存在，且其发展趋势主要包括两种：第一，激励效应为审计质量需求与股权集中度之间存在正比例关系。第二，"壕沟"效应为审计质量需求与股权集中度之间存在负比例关系。经研究表明，审计费用及会计师事务所选择与第一大股东持股比例存在正比例关系，在第一大股东持股较多的情况下，其大都选择水平较高的外部审计，降低代理成本，部分人员愿意支付更高的审计费用。

为对外部审计需求及股权集中度进行深入分析，本书将第一大股东持股比例平衡向融入其中，对其他因素进行控制的状况下，审计选择与平方项之间呈现反比例关系，外部审计需求与第一大股东持股比例呈 U 形曲线，若是第一大股东的持股比例在临界点以下，外部审计需求与其持股比例呈正比例关系，若是在临界点以上，其持股比例与审计需求呈反比例关系。综合来看，在一个公司的发展过程中，激励效应和"壕沟"效应是同时存在的。股权集中度与审计费用呈显著正相关关系，即由于高质量外部审计的替代治理效应和风险转移机制，事务所对股权较为集中的公司的审计收费也较高。

股权制衡与会计师事务所选择和审计费用均为显著正相关，即股权制衡程度越高，上市公司更倾向于聘请高质量外部审计机构，更有意愿支付更高的审计费用。为对产权性质进行深入研究，本书对样本总体进行划分，包括非国有企业和国有企业，在此基础上开展回归分析。结果发现，股权集中度对审计费用的影响会因产权性质的不同而产生差异，与假设相反。具体分析，国有企业审计收费与股权集中呈正比例关系，非国有上市公司审计收费与股权集中度呈反比例关系，可见在非国有企业中小股东与大股东存在严重的代理冲突问题。

在审计选择与大股东掏空行为的关系分析中，本书假设得到部分验证。会计师事务所选择与关联交易显著正相关，这说明上市公司关联交易程度越高，越倾向于聘请高质量的外部审计机构。关联担保是外部审计关注程度较高且最容易被发现掏空行为的关键事项，因此随着关联担保程度的增加，大股东害怕自己的掏空行为被揭穿而不愿聘请高质量的外部审计机构。这一结果与本书研究相呼应，随着股权结构的增加，大股东减少了资金占用和关联担保这些极易被发现的"掏空"方式。再者，我国审计市场中国际四大会计师事务所的市场占有率与欧美国家相比存在很大差距，因此单纯用国际四大会计师事务所作为审计选择的替代变量来验证其与大股东掏空行为的关系时，显著性会降低。事务所选择的结果显示大股东掏空行为与 $Big4$ 正相关，审计费用与关联交易负相关。上市公司审计成本增加的情况下，"掏空"程度不断下降，外部审计会抑制大股东掏空行为。本书研究了大股东掏空行为与审计意见的相互作用。当上市公司大股东"掏空"程度增加时，会计师事务所更倾向于发表非标准审计意见，以此降低审计风险。上市公司财务信息可靠性的下降由非标准审计意见展示，其对公司的投资产生不良影响。

大股东掏空行为与审计质量中审计意见类型存在正比例关系，随着"掏空"程度的上升，出具非标准审计意见的可能性也会随之上升。当前，上市公司的大股东"掏空"程度越高，其管理程度也会随之提升，由于审计师与上市公司审计意见不一致，直接导致非标准审计意见被出具的概率上升。审计师在出具审计意见时，可能会针对"掏空"问题提出警告，而且从审计师自身来讲，为了规避较高的审计风险，也就越有可能出具非标准审计意见。两者的正相关关系也说明我国的审计制度在不断发展，能够有效发挥其独立第三方的监督和制约功能。因此，间接意义上，非标准审计意见会对公司及大股东造成压力，从而能在一定程度上抑制或者规范大股东的掏空行为。

2 政策建议

大股东掏空行为会对上市公司生产经营产生不利影响，影响其未来发展。此外，大股东掏空行为还损害了中小股东的利益，打击外部投资者的信心，扰乱证券市场正常运行的秩序，影响证券市场功能的有效发挥，同时也不利于资本市场的制度建设。为保护中小股东的合法权益以及维护资本市场的有序发展，结合我国当前的制度背景、理论分析和实证研究，本书提出相关政策性建议。

（1）深化股权分置改革，优化股权结构。根据西方发达国家经验，大股东占股比例的增加，会影响内部治理质量，若是其持股比例超过规定数值后，其可对公司进行充分控制，那么大股东就会想要对中小股东的权益进行侵占。当前，从我国上市公司分析，存在高效率的股权结构是什么样的争论，但是并未进行定值。一种观点表明，我国公司治理中，"一股独大"属于公司治理的基本问题；另一种观念表明，股东之间存在相互制约作用，第一大股东可以对控股股东、对中小股东权益侵占情况进行监管。2016年年末，中国银行保险监督管理委员会对《保险公司股权管理办法》进行了修订，并向社会各界征询股权管理的相关意见。该办法考虑到大股东权力过大容易让公司的董事会形同虚设，引发种种大股东"掏空"上市公司、侵占中小股东权益的行为，所以该办法要将保险公司的单一股东持股比例上限由51％下降至33.3％，防范大股东的利益输送问题。由此可见，构建大股东合理的股权集中度的重要性。

本书通过研究我国上市公司股权结构与大股东掏空行为之间的影响关

系，给出相应的政策建议。大量实证结果表明，当第一大股东的持股比例超过 50％形成绝对控股时，不仅增加了公司的代理成本，提高资金占用的程度，还导致了公司价值的下滑，形成了对中小股东权益的掠夺。但是持股比例低于 30％时，第一大股东对于公司的控制能力下降，一方面是公司经营决策的效率降低，影响公司的长远发展；另一方面，部分股权高度分散的公司并不存在实际控制人，面临着"野蛮人"入侵的风险，公司成为资本厮杀的战场。从本书的理论分析和实证结果来看，在第一大股东持股比例合理的情况下，可以激励大股东参与公司治理，监督管理层，降低公司代理成本、防范内部人控制问题。大股东还会降低对上市公司的"掏空"程度。

股权分置后，第一大股东持股比例较高，依然保留了其股权分置背景下的非理性行为。依靠相关方式对其持股比例进行缩减，并进行有制衡能力股东的培养可有效解决该问题。依靠股权分置改革方式，改变了大股东"掏空"形式，却并未改变股权结构特征，"一股独大"情况依然存在。股权集中度的增加，虽然缓解了第一类代理问题，但加深了大股东的"掏空"程度，而且掏空行为更加具有多样化和隐蔽性。因此，在双重代理问题下，需要进一步深化股权分置改革，寻找适度的股权集中度。大股东的控股比例可从实际情况出发进行缩减，以对企业控制权进行分散，更好地进行股东的制衡，以对现金流权及控制权的分离度进行缩减。本书的研究结论还发现，股权结构与资金占用、关联交易这两种常用的掏空行为之间存在着相关关系，对股东掏空行为产生影响的维度包括股权性质、制衡和集中三种。因此可以根据公司现有的股权结构特征重点关注某种掏空行为，另外也可以根据当前需要重点关注的某种掏空行为来优化股权结构。

（2）建立多元股权结构，发挥股权制衡作用。我国上市公司之中，第一大股东具有较高的持股比例，其余股东具有较为分散的持股比例，受到内部人控制情况，从而产生大股东掏空行为，所以必须进行多元化股权结构的建立，并建立少数股东之间的联盟，以构建股权制衡局面，依靠股权转让和股权回购方式，促进股东持股比例的优化，对股东之间的差异进行缩减，以更好地实现股东制衡。增加所有股东对高质量财务会计信息的需要、对高质量内部控制和独立审计的需求，有助于对大股东形成较为有效的监督与制衡，降低第二类代理问题所产生的代理成本。想要强化监管大股东，必须彰显监事会的监督功能，以保障监事会的独立与客观，但是在此过程中，不可盲目的进行股权的集中和分散。若是其他大股东认为第一大股东制衡能力强度合理后，即使其可制约第一大股东，但是这些股东合谋情况也时有发生。其他大股东并不会有效地运用自身的制衡能力，进而无法有效地维护其他中小股东的利益。要改变我国上市公司"一股独大"的问题，不仅需要保持大股东合理的持股区间，同时还要通过增加大股东的数量，形成真正的股权制衡格局。

首先，必须注意第二大股东持股比例增加以进行股权制衡，但是其并不能对第一大股东掏空行为有效制约，也就无法提升公司的价值。例如，公司中只存在两个大股东，其他股东的持股比例很低，难以形成对前两大股东的制衡，而这两大股东之间存在着合谋或者相互争夺对公司控制权的可能性。必须保障大股东数量在两个之上，确保两个股东持股比例存在差异性，以降低其控制权斗争，在此过程中，其他股东可采取制约和共同防范方式对二者合谋"掏空"上市的行为进行制约，但是并不能设立较多的大股东数量，若是数量过多，将直接影响公司的决策效率，影响公司价值的提升。

其次，构建股权制衡机制，必须减少大股东持股的比例。为了适应我国经济发展的新常态，需要坚定不移地推进国有性质大股东的改革。通过实证研究，国有性质的大股东控制的上市公司价值低于非国有控股上市公司的价值。相对而言，国有企业大股东控制的上市公司的运营效率较低，未来的发展存在诸多问题。因为国有控股企业由国资委统一管理，会存在代理和监管问题、所有者缺位问题，同时又缺乏有效的监督和约束，所以"要管资本为主，强化监管职能"，防止国有资产的流失。当前，我国国有企业大股东的持股比例较高，国有控股公司的董事会及股东大会中，"一言堂"情况时有发生，这就需要不断加强国有股改革，并建立多元化的投资主体，完善出资人制度，解决产权模糊问题。

再次，在国有大股东减持的同时可适当引入机构投资者、推行管理层持股等，实现投资主体多元化，改善股权结构。学术领域支持管理层持股的股权结构。2006 年，胡波和刘明辉表明，董事会效率的提升及监督质量的增长与管理层持股存在相关性，在 1998 年，Mock 表明，在 0～5％的持股比例及 25％以上的持股比例之间，管理层持股比例的提升，会导致其与股东利益存在一致性，缩减代理成本。作为投资人员之一，管理层的投资形式及管理理念十分先进，有利于对公司治理进行优化。

（3）适度调整国有资本，有效发展混合所有制经济。若是上市公司为非国有公司，其社会责任更加丰富，政治目标更加多元化；国有控制公司生产经营的目标并非单一的价值最大化，但是国有股股东缺少对上市公司经营者的监督与管理，经营者会通过多种手段对所有人员的权益进行侵害，内部人控制问题日益凸显。我国正处于全面深化改革的关键时期，目标是让市场在资源配置中发挥基础作用，建立完善的社会主义市场经济体制，企业的所有权结构应该打破国有资本"刚性占比"，即在降低国有资本比例的同时，促进国有资本合理流动。保持国有资本活力，并对其影响力和控制力进行强化，以促进非国有资本比例的提升，更好地对混合所有制经济进行发展。本书从大股东掏空行为角度研究发现，应当调整国有大股东的持股结构（包括持股比例、持股方式、持股机构等），加强国有股的市场化管理，增加国有上市公司的市场主体性，提高公司财务信息披露可靠性，更好地为投资决策服务。

国企混合所有制变革属于混合所有制发展的关键内容，相比于"混资本"，"改机制"难度要大得多。习近平总书记指出，"发展混合所有制经济，基本政策已明确，关键是细则，成败也在细则。要通过制定、完善和落实好细则，明确预期，催生动力，破解混改中遇到的难题"。

一是要明确混合所有制企业公司治理原则，破除非公有制企业参与混改的担忧。坚持以资本为纽带、以产权为基础的公司治理原则。国有股东要按照市场化规则，以股东角色和身份参与企业决策和经营管理，通过股东（大）会表决、推荐董事和监事等方式行使股东权利，避免"行政化""机关化"管控。企业党组织行使权力也要遵循这一原则。要完善制度细则，有效规范大股东行为，切实平等保护混合所有制企业各类出资人的合法产权权益。

二是必须对混合所有制企业监督管理模式进行明确，在混合所有制企业中，必须建立并完善治理及监督机制，确保制度与全资企业、集体独资企业存在差异性，必须建立明确的责任清单和监管权力清单，必须确保公共管理职能不由固有股东担任。要明确国有股东监管边界，不得干预企业日常经营活动。要明确党委（党组）与董事会、经理层等其他公司治理主体的关系，建立国有企业党委（党组）对重大问题进行前置研究讨论的事项清单，确保党委（党组）发挥把方向、管大局、保落实的领导作用，不干涉企业具体生产经营活动。在混合所有制企业党组织中，必须依据国有股权对其进行调整，从混合所有制企业特征出发，明确党组织部署方式，明确管理形式及职责。国有控股企业党组织的设置，要区分国有独资、全资企业，国有资本绝对控股企业与国有资本相对控股企业。混合所有制企业必须脱离国有资本控股，依照非公有制企业设置情况，党组织必须发挥引导和政治核心作用，依法得到董事会的支持，合理行使经理层权责。

三是明确混合所有制改革流程和细则。要明确混改流程和操作细则，明确操作各方权力和责任，明确国有资产流失标准，使操作各方能有规可依，有章可循，有效规避风险。必须从区域特点出发，依据企业特征制定对应发展策略，不能进行全覆盖和"拉郎配"，不进行时间表的设定，确保依靠针对性策略进行企业管理，构建容错纠正的机制，鼓励员工及管理人员努力探索和实践，对改革创新中的错误予以宽容。

四是采取有效措施充分激发混合所有制企业活力。要充分激发经营者和员工两个层面的积极性。对于主业处于充分竞争行业和领域的商业类国有企业，鼓励发展非公有资本控股的混合所有制企业，探索将部分国有股权转化为优先股，充分发挥民营企业家的作用，让民营企业家能够"当得了家、说得上话、做得成事、营得着利"。以员工持股方式，融合员工及企业利益，实现利益的共享，分散风险，建立利益共同体。对于国有控股混合所有制企业，积极推动三项制度改革。建立市场化选人用人机制，实现管理人员"能者上、庸者下、平者让"。将合同作为中心，构建岗位管理机制，以更好地强化市场化的用工制度，确保员工进出的自由，落实中央企业工资总额管理制度要求，构建与经济效益、市场适应性及劳动生产率相结合的工资及增长机制，合理调配收入。灵活、高效地开展混合所有制企业的管理。

（4）完善董事会制度，增强独立董事的监督能力。根据本书关于公司治理结构与大股东掏空行为的现状分析和实证研究，可知公司内部治理结构对大股东掏空行为有较大的影响，而我国的内部治理结构还存在很多不完善之处。首先需要完善董事会治理机制。作为最高决策机构的董事会，其监督职能的有效执行将在一定程度上抑制大股东的掏空行为。目前我国董事会尚未有效发挥其职能，我国上市公司董事会独立性较低。

在我国公司董事会制度完善的问题上，有四条原则必须坚持：一是借鉴世界成熟的公司董事会制度的经验，同时结合我国国情来进行完善。所谓结合我国国情，一方面，是结合我国政治和社会制度的大背景，特别是中国共产党长期执政对公司制度的基本要求；另一方面，是充分总结近30年，公司董事会制度过程中积累起来的经验教训，去劣存优，减负加正。二是以变化的哲学，对董事会制度进行经常性的调整和完善，不固化任何一种制度形式。近30年的现代公司董事会制度实践，告诉了我们一个道理，固化某种制度的结果，一定会带来大量难以处置的问题。三是将制度因素的相对稳定和人的因素的相对活跃结合考虑。事实上，治理制度和人的治理能力之间存在最优的搭配状态。我们时常对人的因素考虑不够，以为只要是好制度，一切都会自然好起来。这种忽视人的作用的误区，曾导致出现过大量的问题。现在是回归制度和人的双重因素来考虑变革的时候了。四是进行制度变革时要有成本意识。完善董事会制度，将以时间为界划分新旧时段，不同制度的运行必将带来治理成本的差别，这是计量和比较新旧治理成本的最好时刻。

必须充分发挥董事会监督职能，对董事会的治理机制进行优化，构建完善的独立董事会机制。上市公司独立董事既要履行监督职责，领取适当报酬；又要与公司及其主要股东和管理层在经济利益上没有关联。即使是在认真履行勤勉义务的前提下，选任时具有的独立性在公司发展和人情来往的过程中也有可能演变成相对的独立性。为了保证这种纯粹的独立性能够不变质，全程服务于上市公司和投资者，就需要对贯穿独立董事行使职能的各个阶段进行制度的优化和调整。

大股东独揽了独立董事的提名权，对其独立性产生较大影响，使董事会设置失去意义。应改变目前这种按持股比例选择独立董事的制度，赋予中小股东较大的选择权。培育独立董事人才市场，建立独立董事的信用评价制度，防止独立董事良莠不齐。加强董事会制度建设，强化董事会独立性管理，使得董事会不仅能够代表控制股东利益，牵制大股东侵占行为；而且能代表其他各利益主体的利益。

（5）完善内部控制制度，有效制约大股东掏空行为。大股东掏空行为的重要抑制因素就是内部控制，只有强化内部控制，才可减少大股东掏空行为。健全有效的内部控制是企业持续稳步发展的重要保障。当企业内部控制效率较低或无效时，大股东很容易抓住内部控制漏洞损害中小股东及企业的利益，影响资本市场的健康发展。

在本书研究结论的基础上，提出以下建议：认真总结我国内部控制制度建设的经验与不足，完善各项内部控制制度，设计科学、完善的内部控制体系，明确各个部门和岗位的职责权限，形成相互牵制的工作机制，提高公司整体治理水平和内部控制管理水平。提高企业人员的内部控制意识，激发会计人员的积极性，增强内部控制活动的执行力；进行及时有效的沟通和交流，降低信息不对称的程度，防范大股东的掏空行为。国家必须进行相关制度的建立以强化内部控制，实施企业内部控制的制度。针对企业内部控制执行中的薄弱环节及时对制度进行修正或改进。一旦发现大股东利用内部控制漏洞实施掏空行为，应立即采取相应的措施加以阻止，并对违法行为进行严厉的惩罚。

分离经营权及所有权过程中，必须对各方利益进行协调，对法人治理结构进行规范化处理，彰显股东大会、监事会及董事会职责，以保障决策的科学性。对于大股东，特别要做好会计工作，避免通过损害企业利益的手段谋取自身利益，同时还损害了其他中小股东的利益。股份占比较小的股东，不能任由大股东操控公司或者与大股东勾结，而是应该充分利用会计信息和财务报告，强化自身对企业的间接控制。企业应该完善内部控制制度，建立一个能够相互牵制和制约的制度，对各个部门和岗位的责任和权利加以明确。会计部门应该在核算环节更注重准确性，不仅仅只关注账面工作，更应该对企业的经营活动执行定期核查监督。加强企业内部控制，必须从内部控制系统工作入手，促进内部控制意识的提升，保障员工能够了解内部控制的重要意义。形成有效的权力约束机制，对公司的管理层权力进行限制，防止由于管理层权力过大而出现舞弊、挪用公款等现象。这就要求企业的会计工作要严格按照相关的工作规范进行，在正式录入相关会计凭证之前，应该对原始凭证进行再次核对，核对的原始凭证包括发票、收据、银行对账单等，在进一步核对后如果发现问题，要及时查明原因，并积极寻找解决的方式。在核对无误的基础之上，编制付款凭证，从而保证企业的收支没有重大的缺陷存在。此外，由于管理费用容易出现较大的舞弊行为，要严格审查管理费用支出，对于工作人员报销的招待费、差旅费等进行仔细核对，进行重点监督管理。企业内部应该加强内部人员的内部控制意识，不管是企业所有者还是经营管理者都应该关注企业的内部控制，一个完善的内部控制制度能够维护企业的资产安全、财务准确性，对于企业实现利益最大化有重要意义。

不断加强内部控制系统的建设，完善内部控制方法。一套科学的内部控制体系应该在企业内部形成有效的各部门相制衡的局面，不相容的部门应该单独设立或由不同责任人负责，保证在互相监督的基础上能够相互制约。对于审批流程应该更加具体化、科学化，详细明确流程中各环节的负责部分，并明确企业各级各部门的审批权限和职责范围，特别是对于超越权限审批的人员应该加以惩戒，做好对整个审批流程的监督工作。预算方面，首先要有一个科学的预算编制方法，按照规章程序审定预算并按照预算严格执行，做好活动中期的管理，及时控制执行过程中出现的预算差异。企业必须定期抽查账目，进行数据盘查，若是存在不相符合的情况，必须对相关人员责任进行追究。此外，必须建立涵盖风险预警机制、风险评估机制、风险防范机制的风险管理体系。

（6）提高外部审计质量和独立性，缓解信息不对称冲突。本书表明，公司外部治理机制之一的外部审计方式，可对大股东"掏空"情况进行抑制，可以解决中小股东与之产生的利益冲突问题。特别是在我国"一股独大"的股权结构下，外部审计更应该提高审计质量，督促监督上市公司提高财务信息可信度。对企业来说，目前我国上市公司大多具有国企改制背景，不断进行股权分置改革、降低股权集中度形成股权制衡及保护中小股东利益势在必行。促进企业审计委员会独立性能的提升，保障审计师选用的独立性，以确保上市公司可形成高质量的审计，彰显外部审计功能和监管功能，促进代理成本的降低，保护投资者权益。对监管部门来说，应进一步加强监管力度，逐步提高上市公司违规成本，以达到有效监管资本市场的目标。要多方面考虑公司规模和产权性质、审计年度是否亏损、审计意见类型、会计师事务所特征等因素，依靠审计资源，严格执行审计程序，保障审计费用定价合理化，以保证独立出具审计报告。

在经营权与所有权分离的情况下，应明确高层管理人员的权利与责任，减少管理人员对外部审计人员的影响，使外部审计得以独立开展，从而提高外部审计人员的独立性。同时，企业可以借鉴发达国家公司的治理经验，切实完善公司的治理结构。要强化董事会的地位与作用，并加强监事会的监管，以减少管理层追求一己私利违法造假的现象。审计机构应与被审计对象进行有效沟通，使股东或管理层以一个正确的心态对待外部审计，减轻管理人员对外部审计独立性的影响。上市公司必须建立审计委员会，审计委员会必须开展外部审计工作，降低由于管理层或者股东压力影响而出现的独立性丧失问题。最后，必须保持审计工作人员的独立性和自律性，以促进审计独立性的增长。

外部审计机构应建立良好的人才培养与储备制度。在招聘审计人员时，要根据德才兼备、任人唯贤的原则，招聘那些综合素质能力强和职业道德水平高的人员，并为人才成长创造良好的环境。审计机构应时刻关注最新文件，组织审计人员学习。同时，让审计人员相互交流学习心得与工作经验，促使外部审计人员整体业务能力提升。审计机构可以建立道德素质评测制度、内部考评制度及内部人员相互评分制度，使审计人员时刻保持警醒，不断提高自身道德素质。外部审计机构可以建立工作绩效考核奖惩制度，对外部审计人员的工作效果、素质、能力及工作态度进行打分，不断提高审计人员的素养，促进审计机构健康发展。要扩大审计机构的影响力，可以对规模较大的审计机构进行合并，提高其市场影响力，发挥模范带头作用。对于规模较小的审计机构，应加强市场规范，监督其不断提高执业水平，必要时进行市场剔除，防止恶性竞争。要加强政府的监督管理，政府可以对审计机构进行准入监管。只有那些符合审计质量要求的审计机构才可以进入审计市场，并限制执业水平低、信用度不高的审计机构进入，从而促使审计机构优胜劣汰，促进审计市场的健康运行。

首先，企业必须完善内部控制制度，确保制度运行的有效性，在对各个部门工作人员职责明确后，确定其权利及责任，以降低工作重复交叉问题的存在。其次，提高内部控制人员的综合素质。企业应选择那些具备扎实的专业知识，同时又有一定的工作经验，在职业道德方面具备公平、公正、客观的道德修养的人员完成内部审计工作。这样，才能为内部审计质量提供保障，保证审计结果的真实性、公允性。再次，外部审计人员可以与内部审计人员就专业知识及工作经验方面交流学习，通过收集政策法规或是管理信息，讨论在工作过程中遇到的棘手问题，从而提高内部审计质量。这样双方在保证审计独立性和客观性的前提下的沟通交流，可以使外部审计人员减少共同涉及的审计领域方面的工作，提高工作效率。

构建审计结果与审计过程相结合的二维评价体系。委托单位作为审计成果的最终使用方，更注重审计成果，所以审计成果应被赋予较大权重；被审计单位作为直接接触审计人员的被审计主体，则更侧重于服务过程，因此服务过程分值应赋予更大权重。同时，委托方、债权人、外部投资者、银行信贷机构等更注重审计成果的参考价值。应分别赋予委托方、债权人、外部投资者、银行信贷机构等不同的评分权重，综合打分得出测评结果。将审计过程纳入质量评价范围，有利于全面评价审计机构的审计工作质量，规范审计机构具体执业行为，可以促进审计质量的提升。设立审计质量评议委员会，定期召开评议会，根据评价结果对审计机构实施分类管理。这样可以促进审计机构的优胜劣汰，建立审计质量评价结果运用的长效机制。

加强审计机关的监督。审计机关应完善审计项目抽查制度，对审计机构完成审计项目情况进行随时、随机的抽查，对审计人员进行全方面考核，从而加大对外部审计的监督。加强群众的监督。可以利用网络媒体和组织座谈会等方式向社会群众宣传加强外部审计监督工作的重要意义。加强媒体对外部审计的监督。媒体没有审计机构来自被审计对象管理层和董事会等的压力，因此媒体监督相对于审计机构来说更有独立性。外部不合理的审计机构被淘汰的方式可通过媒体监督曝光，促进外部审计质量的提高。加快建立权威度高的统一的外部审计法律法规体系，在法律法规的约束下，使得外部审计有法可依、有法必依，提高外部审计质量。

（7）完善投资者保护的法律机制，特别是中小股东的法律保护机制。由于制度惯性，在一个较长的时期内，我国上市公司高度集中的所有权结构不可能得到迅速改变，所以大股东代理问题必将长期存在。当前，我国中小投资股东在证券市场中的数量已经在 1 亿以上，其成为证券市场的重要组成部分，对分散股东权益进行保障的关键就是对法律法规制度进行完善。我国现行法律体系存在制度缺陷，我国投资者保护可操纵性较低，提高法律可操作性是目前重点需要解决的问题。要在法律层面明确界定大股东的权利和义务。上市公司应在其章程中明确列示公司各个层面的权利和义务，建立健全公司内部控制制度，同时给予中小投资者充分的知情权和表决权，以利于中小投资者监督约束大股东的侵占行为。

从股东资金占用情况出发，我国证监会颁布了相关的制度，以严格限制上市公司资金的使用，加强对上市公司大股东占用资金清理力度，更好地开展担保事项的保护。比如，若相关人员违反了《关于规范上市公司与关联方资金往来及上市公司对外担保若干问题的通知》，则必须对其进行整改干预，并依据其违法程度进行处罚，确保其 12 个月以内不会接受融资申请。

通过建立完善的信息揭露机制，可对上市公司信息披露行为进行规范，能够在债权人、投资者和政府中展现其相关行为。在信息披露过程中，需要协同新闻媒体、中介机构及证监会等开展监管，以此构建约束与自觉、他律与自律的体系，在进行信息披露网站中，必须对信息披露的深度和广度、及时性及披露成果进行保障，以及在法律法规体系中纳入信息披露内容。

监管部门必须加强"掏空"公司资源的大股东及对中小股东利益产生侵占的大股东的处罚力度，以保障中小股东的基本权益。对于大股东掏空行为，如果法律只是规定公司的行为，而无配套的法律处罚制度，一切规范无异于纸上谈兵。所以，需要明确规定虚假信息披露和不及时披露的法律责任；推动民事赔偿，让中小股东流失的物质财富重新回到中小股东手中。

（8）加大信息透明度，提高控股大股东的违法成本。按照博弈论和信息经济学的观点，大股东"掏空"上市公司资源和利润一般都是以大股东对信息的不对称占有为前提的。如果信息的分布在双方之间是对称的，那么当大股东的掏空行为一旦实施，就会很快被市场识别。理性的中小投资者发现这一点之后，就会采取针锋相对的措施，通过"用脚投票"，间接抑制大股东的掏空行为。促进我国上市公司的发展，不仅需要构建合理的股权结构，激励大股东参与公司治理，还需要中小股东的力量共同建设我国的证券市场，让中小股东能够充分表达自己的意见、提出自己的合理诉求。所以，必须及时对上市公司信息披露制度进行完善，降低信息不对称分布的状况，在促进信息透明程度提升的基础上，不断促进大股东违法成本的提升。大股东也是理性的行为主体，在实施掏空行为前，也会认真进行成本收益分析，只有当"掏空"收益大于"掏空"成本时，掏空行为才能得以实施。因此，抑制大股东的掏空行为，必须提高大股东的"掏空"成本。特别是要加大对大股东违法行为的打击力度，提高法律的威慑力和震慑力，从法律层面给大股东的行为划一道红线，要让大股东切实感觉到不是不能违法，而是不敢违法。

应该完善分类表决制度，改善"一股一权"制度。2004年，为了方便我国中小股东行使自身的权利，国务院颁布了《国务院关于推进资本市场改革开放和稳定发展的若干意见》，出台了一系列的制度变革和金融创新的政策；证监会也推出了"分类表决"这一创新制度，决定"试行公司重大事项社会公众股股东表决制度"。"分类表决"制度是指上市公司对可能有损中小股东利益的事项进行表决时，中小股东有权力进行单独表决，有效改进了"一股一权"原则。即使中小股东在上市公司中所占据的公司份额不足，无法对股东大会的决策产生影响，但是依靠分类表决制度的应用，可保障中小股东能够从自身权益出发，对大股东的行为产生一定的约束作用，以此实现大股东与中小股东之间的制约，更好地促进上市公司发展进步。

依靠网络形式，满足中小股东自身的投票权益，《上市公司股东大会规则》于2016年修订，其中明确表示，为方便股东能够参加股东大会，可以采用安全、经济、便捷的网络和其他方式。公司股东大会采用网络或其他方式的，应当在股东大会通知中明确载明网络或其他方式的表决时间以及表决程序。在信息技术高度发达的今天，利用网络可以维护中小股东的投票权已经实现，增加了中小股东利益诉求的渠道。但是还需要对中小股东进行普及和教育，让更多的中小股东了解网络投票系统带来的不仅仅是投票的便利性，还有对自身权益的维护。

要让中小股东成为一个有效的委托人，使其有效限制大股东的掏空行为，可通过设立中小股东的权益维护机构，代表中小股东监督上市公司、管理者和大股东的行为，降低公司的代理成本。中小股东的权益受到损害时可以为中小股东出谋划策或者提起诉讼。让中小股东有途径行使自己的投票权，在关于自身权益方面投出自己庄重的一票。这代表着迈出了构建维护中小股东利益诉求渠道的一小步。未来还需要让中小股东增强自我保护意识，督促上市公司治理机制的完善、推动我国法律体系的日益完善。

3 研究创新

本书在前人研究基础上进行研究，全面、系统化地开展对大股东掏空行为的分析，并对其与内部控制、公司治理和外部审计的关系开展了研究，其研究创新的主要内容概括如下。

（1）采取改革股权分置后，中小股东与大股东之间的权利相同，市场化资产价值可有效缩减大股东对上市公司进行"掏空"的现象，让直接"掏空"公司资源和利益的行为有所收敛，但"全流通"仅仅是消除了证券市场上人为设置的"樊篱"，而并没有解决大股东与中小股东之间的根本代理问题。本书选取了两种常见的大股东掏空行为：资金占用和关联交易，分别对其与股权集中度的关系进行回归分析。研究发现，随着股权集中度的增加，大股东掏空行为更加隐蔽，直接性的资金占用呈下降趋势。在此情况下，公司股份的绝大部分比例依然在大股东手中，并未改变其"一股独大"的情况。相反，大股东掏空行为变得更加隐蔽，中小股东利益受侵害的状况不仅没有得到根本改善，而且可能还有进一步加剧的趋势。

（2）大股东转变了以往直接的掏空行为，利用其控制权和绝对信息优势，通过操纵信息、故意瞒报、关联交易等更加隐蔽的方式进行掏空行为，严重危害了中小股东的合法权益。因此，财务信息披露成为有效抑制大股东和解决中小股东代理问题的重要机制。内部控制制度的有效性和独立审计的公允性显得至关重要，成为中小股东维护合法权益的有效途径。本书对这两方面的创新性研究具有一定的理论和实践意义。

（3）研究大股东掏空行为与股权结构的关系，当前应用股权制衡与股权集中相结合的方式进行相关指标的衡量。本书中，从股权集中及制衡维度对股权结构进行了分析，对其所影响的大股东掏空行为进行了研究。相对而言，本书的研究能较为全面地分析股权结构与大股东掏空行为的关系。

（4）在代理与内部控制实证研究中，本书分析了其对大股东掏空行为所产生的控制效果，又进一步分析了作为调节变量的股权集中度和上市公司产权性质对内部控制抑制作用的影响，以期找到有效发挥内部控制机制的有效途径和方式。

（5）在审计选择的实证研究中，本书选取了会计师事务所和审计费用两个变量，首先分析在不同股权结构下，上市公司的审计选择。研究了审计需求与审计供给两方面对大股东掏空行为所产生的影响，提出了中小股东利益保护机制建立及实现方式。

总的来说，本书的研究结果证明了公司内外部治理对大股东掏空行为的影响。特别是本书有助于丰富内部控制相关研究文献，并提供了内部控制实践和政策制定过程的启示。研究结果回答了研究问题和假设，公司内部治理结构的优化、内部控制制度的完善以及有效的外部审计对大股东掏空行为有着一定的抑制作用。同时，研究结果支持了董事会特征与内部控制理论的论点。本书对公司治理理论具有重要的启示意义。

除此以外，必须依靠监督管理机构，强化对会计师事务所审计质量的监督，以保障审计服务质量。本书中，对外部审计开展研究，从股东与管理层之间的代理问题出发，其不会受到大股东存在的影响。在第一类代理问题之上，大股东依靠对审计选择进行优化的方式，对股东利益进行保护，手段以管理层监督方式为主。其直接导致中小股东与大股东之间发生第二类代理问题，大股东对中小股东权益进行侵占行为过程比较隐蔽，其会否定选择高水平的审计师。在此过程中，对股权制衡理论研究产生了丰富效果，若是其他股东可对大股东权利进行制衡情况下，则会彰显大股东及管理层的意愿，选用高水平审计师的可能性更高。其对审计师选择与研究产生了丰富效果，可考察会计师事务所的选择，考察角度以股权角度为主。

4　研究局限

由于作者自身研究和工作能力存在局限，所以本书依然存在一定的研究局限，具体从以下几个方面展现。

（1）在理论分析方面，本书通过梳理中外的一些文献，从公司治理、内部控制和外部审计这三个角度分析讨论股权结构对大股东掏空行为的影响，由于个人知识结构不够完善，缺少深度的认识，直接导致相关理论的认识及实际应用存在误差，存在理论分析内容的偏颇及局限性。

（2）在研究内容方面，尚未深入研究金字塔层级与控制链层级对上市公司大股东掏空行为的具体影响。我国上市公司股权结构特征明显，国有企业大股东，尤其中央政府更倾向于采取金字塔股权结构，通过较长的控制链控制着上市公司，地方政府的控制层级较低。因此，有关金字塔及其控制层级、链条对大股东掏空行为的影响有待进一步研究，从而更有利于揭示我国上市公司金字塔股权结构的成因。

此外，我国上市公司不断对内部控制报告进行披露：在 2011 年，对内部控制报告由较差上市公司进行了披露；在 2012 年，内部控制问题由国有上市公司进行了披露；2013 年，内部控制缺陷被规模较大的上市公司所披露。本书研究的样本混合了强制和自愿披露要求下的不同类型的公司。本书没有比较交叉上市公司和非交叉上市公司，并排除金融行业的公司。然而，我国试行《内部控制指引》之后的长期样本还需要进一步研究。

外部审计机构选择的替代变量为国际四大会计师事务所，但通过描述性统计分析发现，我国审计市场中国际四大会计师事务所占有率与欧美国家存在很大差距，因此仅仅选用 Big4 这一个替代变量的研究结论存在偏颇，将对研究结果产生一定的影响。

（3）在回归模型方面，回归模型有待进一步改进。本书分别研究了股权结构、董事会特征、内部控制质量以及外部审计需求和供给对大股东掏空行为的影响，但回归的效果一般。由于大股东掏空行为存在多样化特征，且影响因素较多，加之影响因素作用大都同时发挥，所以可以采取新型研究方式及模型引入方式进行研究，以更好的深入探讨分析。

（4）本书的另一个潜在局限性仅限于我国的上市公司。未来的研究可以利用非上市公司的数据进一步检验假设。谈到所有权的性质，本书只考虑国有企业和非国有企业。继 Jiang 等（2010）之后，未来的研究可以进一步考察地方政府和中央政府、家族企业和非家族企业，以确定其在内部控制方面的差异。其次，截面数据可能导致内生性、自我选择和遗漏变量（Ashbaugh-Skaife et al.，2008）。这一领域的研究是关于关联性的，而不具有因果关系的（Carcello and Neal，2003；Doyle et al.，2007b；Naiker and Sharma，2009）。一些与内部控制和审计委员会特性有关的、未观察到的因素可能影响了本书研究的结果。

最后，如果企业不披露内部控制缺陷，就很难判定其是否存在内部控制问题。不披露内部控制信息的企业可能有两种解释：一种是没有内部控制缺陷，另一种是有内部控制问题而不愿披露。一些企业存在内部控制缺陷，但并没有被发现或披露，从而无法观察（Naiker and Sharma，2009）。事实上，选择披露和实际存在是两码事。这可能导致对真实样本的辨识不足，并产生自我选择偏差。《中华人民共和国公司法》和《上市公司治理准则》要求上市公司提供公平、真实的信息，这是其法律义务。因此，如果企业披露了内部控制缺陷，就可以说该企业存在内部控制问题。如果企业不选择披露内部控制问题，并不意味着其内部控制有效。

Rice 和 Weber（2012）研究发现，部分企业认为自身内部控制存在不足。这意味着披露的利益驱动决定了企业是否报告内部控制缺陷。不仅我国公司，美国公司也有类似的问题。在世界上任何一个国家，企业为了发展和维护良好的声誉，获得更多的利益，避免受到处罚，企业都可能不披露存在的负面信息。针对这一问题，本书还调查了内部控制问题的数量和内部控制的质量，结果仍然是显著的，研究结果是可靠的。

由于作者认识能力的局限以及阅读广度的不足，未能及时了解到某些重要的政策变化，所以在提出政策性建议时可能存在偏颇以及不足。

5　研究展望

5.1　基于本研究的拓展

在基本完成上市公司股权分置改革后，我国股权结构不断发生着变化，股权结构的变化，直接对企业价值产生影响，学术研究的广泛性和深入性将更强，由于作者个人能力、精力及研究数据受到限制，在研究中，可深入研究的情况如下。

本书仅考虑了资金占用和关联交易的"掏空"方式，其实在实践中还存在其他比较常用的"掏空"方式。本书未对其进行深入探索，若存在其他同样属于占主导地位的"掏空"方式，这些"掏空"方式之间是否会存在相互影响关系，是否能够找到有效途径抑制大股东的掏空行为，都是可以拓展的研究方向。

对大股东掏空行为与股权制衡的影响进行分析后，发现第一大股东及第二大股东的持股比例与掏空行为呈正比例关系。若是大股东之间存在合谋情况，并未深入进行调查，所以无法深入研究股东间合谋关系及制衡关系。

本书在对大股东行为进行研究中，从侵占和掏空行为进行分析，为方便量化，采用资金占用方式及关联交易方式，对掏空行为进行量化比较，由于大股东行为存在多元化和复杂性特征，进行大股东行为的量化研究及深入挖掘，可完善分析框架内容。

在审计需求研究方面，国际四大会计师事务所的市场占有率低导致研究结果存在偏颇。但可以寻找其他变量，如会计师事务所的声誉、知名注册会计师等量化分析大股东掏空行为与审计需求之间的影响作用。

本书仅从公司内外部治理层面分析了大股东掏空行为，未考虑公司价值和绩效的问题，仅在控制变量中采用了 $Tobin's\ Q$ 值作为公司绩效评价指标。因此，可进一步深入挖掘这两者的关系。

5.2 内部控制相关研究展望

首先，未来必须深入研究内部控制对管理产生的影响，如内部控制是否受到管理者特征的影响，其是如何产生影响的。高层管理团队和关键管理者的不同影响是什么？不同级别的管理者（最高管理者和最低管理者）是否以不同的方式影响内部控制？管理者的异质性特征会影响内部控制吗？外部董事和内部董事之间的差异（Yazawa，2015）以及我国企业的激励机制也需要进一步研究。

其次，"关系"或个人关系在我国非常重要，这反过来会影响内部控制和公司管理。关系影响公司绩效（Nahapiet and Ghoshal，1998）和董事会（Tian，2011）。团队绩效取决于处理从关系网络中获得的内部和外部信息的能力。拥有更强大网络的董事会可以获得更多信息，从而获得更好的建议，获得更好的财务业绩（Carpenter and Westphal，2001）和更好的公司治理（Wu and Olson，2009）。由于很难获得董事会成员和管理层的社交网络信息，在研究中不涉及个人关系。以后的研究可以探讨政治网络对内部控制的影响。

1992 年，COSO 表明，企业文化会对内部控制产生影响，我国企业文化极大程度来源于儒家文化，其有别于西方国家的企业文化。在我国的企业文化中，许多企业家的教育水平较低，知识匮乏。他们对内部控制知之甚少，并忽视了其重要性。2012 年，Li 研究表明，内部控制属于管理责任的一种。由于难以衡量企业文化，过去在这方面的研究很少。在未来的研究中，需要更深入地分析企业文化与内部控制之间的关系。

总体分析，内部控制研究重要性较高，依靠研究，可对内部控制的影响及决定因素进行明确。美国萨班斯法案 404 条款[①]（SOX404）和我国《企业内部控制应用指引》有着相似的目标，尽管我国和西方国家有着不同的制度背景。由于特殊的制度背景、传统文化和监管背景，我国的内部控制研究与美国的内部控制研究会得出不同的结论。例如，类似的结果在美国可能不

---

① 21 世纪之初，美国安然公司破产案促使美国国会制定颁布了《萨班斯法案》，其 404 条款——内部控制的管理评估（SOX404）主要强调的是管理层对内部控制的评估，规定公司年报中必须包括一份内部控制报告，并要求管理层在财务年度末对公司财务报告相关的内部控制体系作出有效性评估；会计师事务所的注册会计师需要对管理层所作的有效性评估发表意见。

适用于我国公司。的确，围绕我国内部控制的问题值得进一步研究，因为我国的背景可能会回答美国背景研究没有解决的研究问题。在我国《企业内部控制应用指引》实施背景下，内部控制信息的披露强制性不断提升，可有效开展国内企业内部控制的实证研究。

5.3 外部审计保护研究展望

外部审计属于关键的监督管理机制和治理手段，可推动资本市场的宏观发展，促进企业运营的微观进步。现有研究发现，高质量的外部审计质量不仅可以修正投资者对股票的定价、提高银行绩效和企业创新绩效、降低企业权益资本成本，还对股票非系统风险、真实盈余管理、管理层代理成本具有显著的抑制作用。就外部审计与大股东侵占行为关系的研究，现有文献大多是基于事后的角度进行考察，例如张利红、刘国常（2013）研究表明，审计师所签发的非标准审计意见与大股东掏空行为存在正比例联系，证明了外部审计能够在事后以审计意见的形式约束大股东的"掏空"行为，鲜有文献从事前和事中的角度来考察和探究高质量审计能否抑制大股东掏空行为。

高质量审计作为一种有效的外部监督机制，以后的研究可以从以下两个方面影响大股东掏空行为：基于事前角度，大股东"掏空"公司的目的可能是为了缓解企业融资约束，高质量的审计可以通过提高公司的财务披露质量，向外界传递更有效的信息使财务信息在资源配置过程中充分发挥作用从而缓解企业面临的融资约束，大股东"掏空"公司的动机也就相应减弱。基于事中角度，审计师在鉴定企业财务会计信息可靠性的同时，也会关注诸如公司内部治理、外部经营风险以及内部控制有效性等非财务信息，这会使得公司信息透明度进一步提升。大股东侵占成本的上升与信息透明度存在相关性，其在一定程度上对大股东掏空行为产生了限制作用。对公司决策层来说，需要完善审计师的选聘机制。同时，会计师事务所应当改进审计方法，积极提高审计质量，在完成报告的同时充分发挥外部独立审计的监督作用，为客户内部治理，亦为审计效率和效益的提升助力。这几个角度将是未来外部审计抑制大股东掏空行为的研究重点。

后　记

　　书稿终于完成，掩卷思量，饮水思源，在此谨表达自身的殷切期许与拳拳谢意。关于大股东掏空行为的研究源来已久，感谢国内外各位专家学者在此方面所做的学术探索，站在巨人的肩膀上，本书才能更好地梳理和思索当今上市公司内外部治理与大股东掏空行为的关系。同时，在著书过程中，我深刻感觉"学无止境"与"力有不逮"的压力，研究如有不妥之处，请多批评指正。

　　本书是基于我在韩国水原大学读博期间的学习和积累完成的。因此要衷心感谢我在韩国就读期间的导师南天炫教授。在他的监督和指导、支持和鼓励下，我查阅了大量的国内外研究文献，并分析整理出我国大股东掏空行为的研究路径，搭建了本书的基本框架。他渊博的知识和多年研究经验，给了我独立思考和工作的能力，成为我以后研究生涯中宝贵的财富。

　　本书还要感谢潍坊科技学院人文社科课题《新时代全面治理视域下事业单位内部审计创新发展的理论与实践研究》（SKRC202002）的支持。课题负责人费聿珉教授对审计学的经久热忱、诲人不倦的师德激励我在审计学领域奋勇向前。在书籍撰写过程中，费教授在上市公司内部控制分析应用上的耳提面命、挑灯修改给我无限的帮助。

　　特别感谢我在学术研究道路上遇到的老师和同仁：韩国求学期间遇到的Chung Yangwoon教授、Lim Byunghwa教授、Kim Taekyung教授和Yang Jiyeon教授，他们丰富的教学内容，使我的学习生活更加充实和有趣。参加工作后结识的亦师亦友、志同道合的朋友：梁姝娜教授、张友祥教授、丁莹莹教授、王平教授等，帮助我解决了很多在研究中遇到的问题。

　　感谢家人和朋友对我研究工作的支持和无条件的爱。

　　最后，得感谢本书得以出版的幕后英雄，你们在封面设计、文字校对、文稿润色、出版安排等方面的工作给我带来巨大的帮助与启发。谢谢你们！

参考文献

蔡卫星，高明华，2010. 终极股东的所有权、控制权与利益侵占：来自关联交易的证据 [J]. 南方经济 (2)：28-41.

陈建凯，陈汉文，2009. 公司特征、审计需求与区域性事务所选择影响因素的实证研究 [J]. 财经理论与实践 (5)：62-66.

陈军，秦君，2010. 投资者法律保护、公司治理与关联交易关系研究——基于大陆、香港和美国市场 [J]. 经济经纬 (2)：83-86，98.

陈炜，2010. 基于投资收益的中小投资者保护效率研究 [J]. 中国工业经济 (10)：117-126.

邓建平，曾勇，李金诺，2006. 最终控制、权力制衡和公司价值研究 [J]. 管理工程学报 (3)：26-32.

豆中强，刘星，陈其安，2010. 基于跨期投资视角的控股股东两期控制权私利行为 [J]. 系统工程理论与实践 (4)：628-636.

窦炜，刘星，2009. 所有权集中下的企业控制权配置与非效率投资行为研究：兼论大股东的监督抑或合谋 [J]. 中国软科学 (9)：107-117.

段亚林，2001. 完善表决制度，制止大股东侵权：上市公司内部监督机制研究 [N]. 上海证券报.

冯慧群，2016. 私募股权投资对控股股东"掏空"的抑制效应 [J]. 经济管理 (6)：41-58.

谷祺，邓德强，路倩，2006. 控制权与现金流权分离下的公司价值——基于我国家族上市公司的实证研究 [J]. 会计研究 (4)：30-36.

韩东京，2008. 所有权结构、公司治理与外部审计监督——来自中国上市公司的经验证据 [J]. 审计研究 (2)：55-64.

郝旭光，黄人杰，闫云松，2012. 中小投资者权益保护的可行途径选择 [J]. 中央财经大学学报 (1)：52-56.

洪昀，李婷婷，姚靠华，2018. 融资融券、终极控制人两权分离与大股东掏空抑制 [J]. 财经理论与实践 (4)：67-72，79.

胡国柳，黄景贵，2005. 股权结构与企业股利政策选择关系：理论与实证分析 [J]. 商业经济与管理（12）：3-8.

黄惠萍，2007. 股东表决权代理征集制度的研究 [J]. 云南大学学报（法学版）（3）：93-97.

焦健，刘银国，刘想，2017. 股权制衡、董事会异质性与大股东掏空 [J]. 经济学动态（8）：62-73.

李明，叶勇，2016. 媒体负面报道对控股股东掏空行为影响的实证研究 [J]. 管理评论（1）：73-82.

李婉丽，崔领娟，2007. 不同股权结构下的关联交易与大股东利益转移关系 [J]. 西安交通大学学报（社会科学版）（6）：40-45.

李心愉，赵景涛，段志明，2017. 审计质量在股票定价中的作用研究——基于我国 A 股市场的分析 [J]. 审计研究（4）：39-47.

李增泉，孙铮，王志伟，2004. "掏空"与所有权安排——来自我国上市公司大股东资金占用的经验证据 [J]. 会计研究（12）：3-13.

刘峰，贺建刚，2004. 股权结构与大股东利益实现方式的选择——中国资本市场利益输送的初步研究 [J]. 中国会计评论（1）：141-158.

刘峰，魏明海，贺建刚，2004. 控制权、业绩与利益输送——基于五粮液的案例研究 [J]. 管理世界（8）：102-110，118.

刘立燕，熊胜绪，2011. 金字塔结构、法律环境与超控制权收益——来自中国上市公司的经验证据 [J]. 商业经济与管理（8）：30-35.

刘芍佳，孙霈，刘乃全，2003. 终极产权论、股权结构及公司绩效 [J]. 经济研究（4）：51-62.

刘少波，马超，2016. 经理人异质性与大股东掏空抑制 [J]. 经济研究（4）：129-145.

刘星，窦炜，2009. 基于控制权私有收益的企业非效率投资行为研究 [J]. 中国管理科学（5）：156-165.

吕怀立，李婉丽，2010. 股权制衡与控股股东关联交易型"掏空"——基于股权结构内生性视角的经验证据 [J]. 山西财经大学学报（6）：92-97.

吕长江，肖成民，2008. 法律环境、公司治理与利益侵占——基于中、美股票市场的比较分析 [J]. 中国会计评论（2）：141-162.

马曙光，黄志忠，薛云奎，2005. 股权分置、资金侵占与上市公司现金股利政策 [J]. 会计研究（9）：44-50.

马亚明，丁倩，2014. 审计质量、风险管理与银行绩效的关系研究 [J]. 统计与决策（11）：163-165.

毛建辉，2018. 独立董事声誉能抑制大股东掏空行为吗？——基于中小板的经验数据 [J]. 南京审计大学学报（5）：66-74.

邵毅平，张健，2009. 股权控制、关联交易与盈余质量研究 [J]. 南京财经大学学报

（4）：50-55.

宋敏，张俊喜，李春涛，2004. 股权结构的陷阱 [J]. 南开管理评论 (1)：9-23，56.

唐跃军，谢仍明，2006. 大股东制衡机制与现金股利的隧道效应——来自 1999-2003 年中国上市公司的证据 [J]. 南开经济研究 (1)：60-78.

滕悦，张婷婷，2011. 从股东派生诉讼制度动态博弈分析看中小股东保护 [J]. 特区经济 (4)：127-129.

王国俊，陈浩，王跃堂，2015. 现金股利承诺对控股股东掏空行为的影响——基于委托代理视角的分析 [J]. 南京社会科学 (7)：24-32.

王鹏，周黎安，2006. 控股股东的控制权、所有权与公司绩效：基于中国上市公司的证据 [J]. 金融研究 (2)：88-98.

王茜，张鸣，2009. 基于经济波动的控股股东与股利政策关系研究——来自中国证券市场的经验证据 [J]. 财经研究 (12)：50-60.

吴成颂，唐伟正，张礼娟，2014. 政治关联、产权性质与掏空——来自沪市 A 股制造业的经验证据 [J]. 金融评论 (3)：49-62.

夏冬林，钱苹，2000. "搭便车" 与公司治理结构中股东行为的分析 [J]. 经济科学 (4)：14-20.

辛志红，胡培，2003. 上市公司大股东治理下的股权制衡与中小股东权益保护 [J]. 经济体制改革 (4)：134-136.

徐晓东，陈小悦，2003. 第一大股东对公司治理、企业业绩的影响分析 [J]. 经济研究 (2)：64-74.

徐晓东，张天西，2009. 公司治理、自由现金流与非效率投资 [J]. 财经研究 (10)：47-58.

严也舟，2012. 外部治理环境、内部治理结构与合谋侵占实证分析 [J]. 管理评论 (4)：28-35，44.

阎大颖，2004. 中国上市公司控股股东价值取向对股利政策影响的实证研究 [J]. 南开经济研究 (6)：94-100，105.

杨七中，马蓓丽，2016. 产权视域内部控制与大股东掏空行为抑制 [J]. 经济体制改革 (2)：112-117.

杨以文，周勤，李卫红，等，2018. 审计质量、组织学习与创新绩效——非上市高新技术企业数据分析 [J]. 科技进步与对策 (6)：106-112.

叶银华，柯承恩，李德冠，2002. 公司监理机制对于关系人交易的影响 [D]. 新北：辅仁大学.

余明桂，2004. 中国上市公司控股股东的代理问题研究 [D]. 武汉：华中科技大学.

余明桂，夏新平，邹振松，2006. 控股股东与盈余管理——来自中国上市公司的经验证据 [J]. 中大管理研究 (1)：79-97.

余明桂，夏新平，2004. 控股股东、代理问题与关联交易：对中国上市公司的实证研究

［J］．南开管理评论（6）：33－38，61．

余玉苗，王宇生，2012．法律制度变迁、审计师选择与企业价值——基于实际控制人掏空行为视角的实证研究［J］．经济评论（3）：135－144．

张功富，宋献中，2009．我国上市公司投资：过度还是不足？——基于沪深工业类上市公司非效率投资的实证度量［J］．会计研究（5）：69－77．

张力，于海林，2010．基于股权制衡视角的大股东占款与审计意见关系研究［J］．经济问题（10）：108－112．

张学洪，章仁俊，2011．大股东持股比例、投资者保护与掏空行为——来自我国沪市民营上市公司的实证研究［J］．经济经纬（2）：76－81．

赵银，陈淑丽，2011．中小股东权益保护在现行公司法中的新突破［J］．法制与社会（10）：112．

朱武祥，宋勇，2001．股权结构、公司治理与企业价值——对家电行业上市公司实证分析［J］．经济研究（12）：66－72，92．

Akerlof，G. A.，1970．The market for "lemons": quality uncertainty and the market mechanism［J］．The Quarterly Journal of Economics（3）：488－500．

Allen，F.，Qian，et al.，2005．Law，finance，and economic growth in China［J］．Journal of Financial Economics（77）：57－116．

Arrow，K. J.，1963．Uncertainty and the welfare economics of medical care［J］．Journal of Health Politics Policy & Law（1）．

Ashbaugh － Skaife，H.，Collins，et al.，2019．The effect of SOX internal control deficiencies and their remediation on accrual quality［J］．The Accounting Review（83）：217－250．

Bae，K. H.，Kang，et al.，2002．Tunneling or value addition? Evidence from mergers by Korean business groups［J］．Journal of Finance（57）：2695－2740．

Bai，L. Y.，Gao，et al.，2010．Equity segregation reform，major shareholder control and corporate performance［J］．Economic Management Journal（9）：66－74．

Bebchuk，L.，Kraakman，et al.，1999．Stock pyramids，cross － ownership，and the dual class equity: The creation and agency costs of seperating control from cash flow rights. NBER Working Papers．

Bennedsen，M.，Wolfenzon，et al.，2000．The balance of power in closely held corporations［J］．Journal of financial economics（58）：113－139．

Berglof，E.，Pajuste，et al.，2000．What do frirms disclose and why? Enforcing corporate governance and transparency in central Eastern Europe［J］．Oxford Review of Economic Policy（21）：178－197．

Berle，A.，Means，et al.，1932．The modern corporation and private property［M］．Commerce Clearing House，New York: Commerce Clearing House．

Bertrand, M., Mehta, et al., 2000. Ferreting out tunnelling, an application to Indian business groups [J]. Quarterly Journal of Economics (117): 121 - 148.

Bloch, F., Hege, et al., 2001. Multiple large shareholders and control contests. mimeo, HEC.

Burkart, M., Panunzi, et al., 2003. Family firms [J]. The journal of finance (58): 2167 - 2201.

Burkart, M., Panunzi, et al., 2006. Agency conflicts, ownership concentration, and legal shareholder protection [J]. Journal of Financial Intermediation (15): 1 - 31.

Cheung, Y. L., Jing, et al., 2009. Tunneling and propping up: An analysis of related party transactions by Chinese listed companies [J]. Pacific - Basin Finance Journal (17): 372 - 393.

Cheung, Y. L., Rau, et al., 2006. Tunneling, propping and expropriation: evidence from connected party transactions in Hong Kong [J]. Journal of Financial Economics (82): 343 - 386.

Claessens, S., Djankov, et al., 2000. The separation of ownership and control in East Asian corporations [J]. Journal of Financial Economics (58): 81 - 112.

Claessens, S., Djankov, et al., 2002. Disentangling the incentive and entrenchment effects of large shareholdings [J]. Journal of Finance (57): 2741 - 2771.

Claessens, S., Fan, et al., 1999. On expropriation of minority shareholders: evidence from East Asia [J]. Available at SSRN 202390 (12).

Claessens, S., Fan, et al., 2002. Corporate governance in Asia: a survey [J]. International Review of Finance (3): 71 - 103.

Coase, R. H, 1960. The problem of social cost: The Citations [J]. Journal of Law and Economics: 68 - 78.

Doyle, J. T., Ge, et al., 2007. Accruals quality and internal control over financial reporting [J]. The accounting review (82): 1141 - 1170.

Driscoll, J. C., Kraay, et al., 1998. Consistent covariance matrix estimation with spatially dependent panel data [J]. Review of economics and statistics (80): 549 - 560.

Faccio, M., Lang, et al., 2001. Dividends and expropriation [J]. American Economic Review (91): 54 - 78.

Faccio, M., Lang, et al., 2002. The ultimate ownership of Western European corporations [J]. Journal of Financial Economics (65): 365 - 395.

Friedman, E., Johnson, et al., 2003. Propping and tunneling [J]. Journal of Comparative Economics (31): 732 - 750.

Gopalan, R., 2006. Institutional stock sales and takeovers: The disciplinary role of voting with your feet [J]. SSRN Electronic Journal.

Grossman，S. J.，Hart，et al.，1986. The costs and benefits of ownership：A theory of vertical and lateral integration [J]. Journal of Political Economy：691 – 719.

Grossman，S. J.，Hart，et al.，1998. One share – one vote and the market for corporate control [J]. Journal of financial economics (20)：175 – 202.

Gugler，K.，Mueller，et al.，2003. The effects of mergers：an international comparison [J]. International Journal of Industrial Organization (21)：625 – 653.

Hart，O. D.，1983. The market mechanism as an incentive scheme [J]. The Bell Journal of Economics (14)：366 – 382.

Hart，O. D.，Moore，et al.，1990. A theory of corporate financial structure based on seniority of claims. Working paper.

Hayek，F. A.，1954. Economics and Industry：Capitalism and the Historians [M]. Chicago：University of Chicago Press.

Holderness，C. G.，2009. The myth of diffuse ownership in the United States [J]. Review of Financial Studies (22)：1377 – 1408.

Jensen，M. C.，Meckling，et al.，1976. Theory of the firm：Managerial behavior, agency costs and ownership structure [J]. Journal of financial economics (3)：305 – 360.

Jiang，G.，Lee，et al.，2010. Tunneling through intercorporate loans：The China experience [J]. Journal of Financial Economics (98)：1 – 20.

Johnson，S.，Boone，et al.，2000. Corporate governance in the Asian financial crisis, 1997 – 1999 [J]. Journal of Financial Economics (58)：141 – 186.

Johnson，S.，R. La Porta，et al.，2000. Tunneling [J]. American Economic Review Papers and Proceedings (90)：22 – 27.

La Porta，R.，Lopez – de – Silanes，et al.，1998. Law and finance [J]. Journal of Political Economy (106)：1113 – 1155.

La Porta，R.，Lopez – de – Silanes，et al.，1999. Corporate ownership around the world [J]. Journal of Finance (54)：471 – 518.

La Porta，R.，Lopez – de – Silanes，et al.，2000. Agency problems and dividend policies around the world [J]. Journal of Finance (55)：1 – 33.

La Porta，R.，Lopez – de – Silanes，et al.，2000. R. W.，Investor protection and corporate governance [J]. Journal of Financial Economics (58)：3 – 27.

La Porta，R.，Lopez – de – Silanes，et al.，2002. Investor protection and corporate valuation [J]. Journal of Finance (57)：1147 – 1170.

Laeven，L.，Levine，et al.，2008. Complex ownership structures and corporate valuations. ECGI – Finance Working Paper.

Lemmon, M. L., Lins, et al., 2003. Ownership structure, corporate governance, and firm value: evidence from the East Asian financial crisis [J]. Journal of Finance (58): 1445 - 1468.

Lins, K. V., 2003. Equity ownership and firm value in emerging markets [J]. Journal of Financial and Quantitative Analysis (38): 159 - 184.

Mason, C., Perreault, et al., 1991. Collinearity, power, and interpretation of multiple regression analysis [J]. Journal of Marketing Research (28): 268 - 80.

Maury, B., Pajuste, et al., 2004. Multiple large shareholders and firm value [J]. SSRN 302240.

Mason, C. H., Perreault, et al., 1991. Collinearity, power, and interpretation of multiple regression Analysis [J]. Journal of Marketing Research (28): 268 - 280.

Modigliani, F., Miller, et al., 1958. The cost of capital, corporation finance and the theory of investment [J]. The American Economic Review (48): 261 - 297.

Morck, R., Shleifer, et al., 1988. Management ownership and market valuation: An empirical analysis [J]. Journal of Financial Economics (20): 293 - 315.

Stigler, G. J., 1964. Professor stigler revisited: Comment [J]. The Journal of Business (37): 414 - 422.

Shleifer, A., Vishny, et al., 1986. Large shareholders and corporate control [J]. Journal of Political Economy (94): 461 - 488.

Shleifer, A., Vishny, et al., 1997. A survey of corporate governance [J]. The Journal of Finance (52): 737 - 783.

Volpin, P. F., 2002. Governance with poor investor protection: Evidence from top executive turnover in Italy [J]. Journal of Financial Economics (64): 61 - 90.

Watanabe Miko, 2011. Control, pyramidal structure and encroachment of state - owned listed companies - evidence from China's share - trading reform [J]. Financial Research (6): 150 - 167.

Zheng, G. J., 2009. Research on the relationship between related transactions and earnings quality based on efficiency view and tunnel view [J]. Accounting Research (10): 68 - 76, 95.

Zhu, W. X., 2002. New development of study on corporate finnance and capital structure [J]. Securities Market Herald (8): 50 - 53.